AF354075

Platon

Des Sokrates Verteidigung

e-artnow 2018

Marcus Tullius Cicero
Vom Schicksal

Platon
Protagoras

Marcus Tullius Cicero
Fünf Bücher über das höchste Gut und Übel

Platon
Timaios - Über die Natur

Karl Marx
Das Elend der Philosophie

Platon

Des Sokrates Verteidigung

e-artnow, 2018
Kontakt: info@e-artnow.org

ISBN 978-80-273-1276-4

Inhaltsverzeichnis

Des Sokrates Verteidigung (Übersetzung von Friedrich Daniel Ernst Schleiermacher)

Einleitung

Schon in der allgemeinen Einleitung zu dieser Darstellung der Werke des Platon ist es gesagt worden, daß keinesweges allen Schriften, welche in diese Anhänge verwiesen werden, schon dadurch ihr Ursprung vom Platon solle abgesprochen oder bezweifelt sein. So steht auch diese wegen des einwohnenden Geistes und des dargestellten Bildes ruhiger sittlicher Größe und Schönheit zu allen Zeiten geliebte und bewunderte Schrift zunächst nur deshalb hier, weil sie an ihrem besonderen Zweck sich begnügend keine wissenschaftlichen Ansprüche macht. Auch der »Euthyphron« hat freilich eine unläugbare verteidigende Beziehung auf die gegen den Sokrates vorgebrachte Anklage : allein auf der andern Seite gab seine Verbindung mit den im »Protagoras« angeregten Begriffen ihm ein offenbares Recht, sich an diesen anzuschließen. Die »Verteidigung« hingegen kann als eine reine Gelegenheitsschrift in der Reihe der philosophischen Hervorbringungen ihres Urhebers keine Stelle finden. Allein es gibt sogar allerdings eine Bedeutung, in welcher man, es erschrecke Niemand, wohl sagen dürfte, sie wäre keine Schrift des Platon. Nämlich sie ist wohl schwerlich ein Werk seiner Gedanken, etwas von ihm ersonnenes und gedichtetes. Denn leihen wir dem Platon die Absicht den Sokrates zu verteidigen: so müssen wir dabei zuvörderst die Zeiten unterscheiden, entweder während seines Rechtshandels, oder gleichviel wie früh und wie spät nach seiner Hinrichtung. Im letzten Falle nun konnte es Platon nur auf eine Verteidigung der Grundsätze und Gesinnungen seines Freundes und Lehrers anlegen. Diese aber ließ sich von ihm, der so gern mehrere Zwecke in ein Werk verband, sehr wohl mit seinen wissenschaftlichen Absichten vereinigen; und so finden wir auch nicht nur einzele Andeutungen dieser Art in seinen späteren Schriften zerstreut; sondern wir werden auch bald ein bedeutendes, in seine wissenschaftlichen Bemühungen doch auch innig genug verflochtenes Werk kennen lernen, bei dem es ein deutlich hervorstechender Nebenzweck ist, auch des Sokrates Betragen als Athener und seine Bürgertugend ins Licht zu setzen. Dergleichen nun läßt sich erklären: aber zu einer Schrift, welche den Sokrates bloß seinen wirklichen Anklägern gegenüberstellt, konnte Platon späterhin schwerlich Veranlassung finden. Also vielmehr während seines Rechtshandels müßte er diese Rede gebildet haben. Aber wozu? Offenbar doch konnte er seinem Lehrer keinen schlechteren Dienst erweisen, als wenn er, ehe dieser selbst sich vor Gericht verteidigte, eine Verteidigung in dessen eignen Namen bekannt gemacht hätte, recht um den Anklägern zwar auf dasjenige zu helfen, dem sie entgegenarbeiten oder die Aufmerksamkeit davon ablenken müßten, den Beklagten aber in die schwierige Lage zu setzen, daß er entweder vieles wiederholen oder anderes weniger kräftige sagen mußte. Daher denn je vortrefflicher und dem Charakter des Sokrates angemessener die Verteidigung gewesen wäre, desto nachteiliger sie ihm würde geworden sein. Doch es wird wohl Niemand auf diese Voraussetzung einiges Gewicht legen. Nach erfolgter Entscheidung endlich konnte Platon eine zwiefache Absicht haben, entweder nur den Hergang der Sache sogleich allgemeiner bekannt zu machen und ihr ein Denkmal für die künftige Zeit zu stiften, oder auch die verschiedenen Parteien, und die Art des Verfahrens in das gehörige Licht zu setzen. Untersucht man nun, welches Mittel wohl zu dem letzteren Endzweck das einzige vernünftige gewesen wäre: so wird es jeder nur finden in einer nicht dem Sokrates sondern einem andern Verteidiger untergelegten Rede. Denn dieser konnte dann Vieles von demjenigen vorbringen, was Sokrates seines Charakters wegen übergehn mußte, und konnte durch das Werk selbst zeigen, daß wenn nur die Sache des Beklagten ein solcher geführt hätte, der nicht zu verschmähen brauchte, was viele auch Edle nicht verschmähten, sie ganz anders würde gegangen sein. Wäre nun gar eine freilich sehr unwahrscheinliche Anekdote gegründet, die uns Diogenes aus einem unbedeutenden Schriftsteller aufbewahrt hat: so hätte wohl dem Platon nichts näher gelegen, als dasjenige bekannt zu machen, was er selbst, wäre er nicht verhindert worden, würde gesagt haben. Hier hätte er dann Gelegenheit gehabt, jene höheren Vorschriften und Hülfsmittel des Redens, deren Kraft er selbst zuerst aufgedeckt hatte, durch die Tat zu zeigen; und gewiß mit großer Wahrheit und Kunst hätte er sie anwenden gekonnt auf die Klagepunkte von den neuen Göttern und vom Verderb der Jugend. Und eben so hätte er im Namen jedes Andern weit besser den Anklägern des Sokrates das Gleiche und mehr zurückgegeben, und von dessen Verdiensten in einem andern Tone gesprochen. Dahingegen bei einer dem Sokrates selbst untergelegten, von derjenigen aber die er wirklich gehalten verschiedenen Rede, er keine andere Absicht haben konnte, als zu zeigen, was Sokrates freiwillig verabsäumt oder unfreiwillig verfehlt hätte, und wie seine Verteidigung müßte beschaffen gewesen sein, um eine bessere Wirkung hervorzubringen. Nicht zu gedenken nun, daß dieses kaum möglich gewesen wäre ohne die Weise des Sokrates zu verläugnen: so ist ja offenbar die »Verteidigung« welche wir haben gar nicht dem gemäß eingerichtet. Denn wie käme hinter eine solche Rede doch die Nachrede nach ausgesprochenem Urteil, welche keinen günstigeren Ausgang als den wirklichen voraussetzt? Es bleibt also nur übrig, daß dieser Schrift lediglich die Absicht zum Grunde gelegen, den wahren Hergang der Sache im Wesentlichen darzustellen und aufzubewahren, für die Athener welche nicht Hörer sein konnten, und für die andern Hellenen, und für die Nachkommen. Sollten wir nun glauben Platon habe in solcher Sache und unter solchen Umständen dem Kitzel nicht widerstehen gekonnt, ein selbst gearbeitetes Kunstwerk, bis auf die ersten Grundzüge vielleicht dem Sokrates ganz fremd, diesem unterzulegen, wie ein Rednerknabe, dem eine Übung aufgelegt ist? Das wollen wir ja nicht glauben, sondern vielmehr auch im Voraus schon, daß in dieser Sache, wo es gar nicht auf das seinige ankam, sondern er sich ganz seinem Freunde gewidmet hatte, und zumal so kurz vor oder nach dessen Tode, als diese Schrift gewiß aufgesetzt ist, auch ihm der scheidende Freund zu unverletzlich gewesen, um ihn durch auch noch so schönen Schmuck unkenntlich zu machen, und die ganze Gestalt zu untadelig und groß um sie bekleidet darzustellen, sondern wie ein Götterbild nackt und nur mit ihrer eigenen Schönheit umgeben. Auch finden wir es wirklich nicht anders. Denn der Kunstkenner der zugleich Besserer zu sein unternommen hätte, würde hier vieles gefunden haben zu ändern. So ist die Klage von Verführung der Jugend bei weitem nicht mit der Bündigkeit abgewiesen, wie es möglich gewesen wäre, und des Umstandes, daß Sokrates alles im Dienste des Apollon getan, verteidigende Kraft gegen die Beschuldigung des Unglaubens an die alten Götter ist bei weitem nicht genug herausgehoben; und mehr Schwächen der Art wird Jeder leicht mit halbgeöffneten Augen entdecken, welche nicht etwa im Geiste des Sokrates so ihren Grund haben, daß Platon wäre genötigt gewesen sie nachzuahmen.

Nichts ist demnach wahrscheinlicher, als daß wir an dieser Rede von der wirklichen Verteidigung des Sokrates eine so treue Nachschrift aus der Erinnerung haben, als bei dem geübten Gedächtnis des Platon und dem notwendigen Unterschiede der geschriebenen Rede von der nachlässig gesprochenen nur möglich war. Allein es könnte vielleicht Jemand sagen: Wenn nun Platon, vorausgesetzt daß er diese Schrift verfaßt, doch dabei nichts mehr gewesen ist als Aufzeichner: weshalb soll man darauf bestehn, oder woher kann man auch nur wissen, daß gerade er es gewesen ist, und kein anderer von den anwesenden Freunden des Sokrates? Dieser darf, wenn er anders die Sprache des Platon kennt, nur darauf verwiesen werden, wie bestimmt dieser »Verteidigung« anzusehen ist, daß sie nur aus dem Griffel des Platon kann geflossen sein. Denn Sokrates spricht hier ganz so, wie ihn Platon sprechen läßt, und wie wir nach allem was uns übrig ist nicht sagen können, daß irgend ein anderer unter seinen Schülern ihn sprechen lasse. Und so wenig läßt diese Gleichheit sich bezweifeln, daß vielmehr darauf eine nicht unbedeutende Bemerkung kann gegründet werden. Nämlich, ob nicht gewisse Eigentümlichkeiten des Platonischen Dialogs, besonders die in einen Satz eingeschobenen erdichteten Fragen und Antworten, und die gehäuften einzelen unter einem andern gemeinschaftlich begriffenen, und oft für diese untergeordnete Stelle viel zu weit ausgeführten Sätze, nebst dem daraus fast unvermeidlich entstehenden Abbrechen von dem angefangenen Bau der Rede, ob nicht diese da wir sie hier so sehr vorherrschend finden eigentlich auf den Sokrates zurückzuführen sind. Sie finden sich beim Platon da am meisten, wo er vorzüglich sokratisiert; am häufigsten aber, und von den sie begleitenden Vernachlässigungen am wenigsten gereinigt sind sie hier und in dem folgenden wahrscheinlich gleichartigen Gespräch. Woraus zusammengenommen die Vermutung sehr einleuchtet, daß diese Sprachweisen ursprünglich dem Sokrates nachgebildet sind, und also mit zu den mimischen Künsten des Platon gehören, der in einem gewissen Grade auch die Sprache derer, welche er einführt nachzubilden suchte, wenn sie anders Eigentümlichkeiten hatte, die ihn dazu berechtigten. Und wer diese Bemerkung an den verschiedenen Werken des Platon zumal nach der hier aufgestellten Ordnung prüft, der wird sie auch dadurch sehr bestätiget finden. Daß aber andere Sokratiker eine solche Nachbildung nicht versucht haben, rührt wohl daher, weil in der Tat von der einen Seite nicht wenig Kunst dazu gehörte, diese Eigenheiten eines nachlässigen mündlichen Vortrages unter die Gesetze der geschriebenen Sprache einigermaßen zu beugen und mit der geregelten Schönheit des Ausdrucks zu verschmelzen, von der andern aber mehr Mut sich einigem Tadel kunstrichtender Buchstabier auszusetzen, als etwa Xenophon besitzen mochte. Doch dies weiter auszuführen gehört nicht hieher.

Ein Umstand aber ist noch zu berühren, welcher gegen die Abstammung dieser Schrift vom Platon könnte angeführt werden, und zwar mit mehr Schein als irgend einer; nämlich daß sie von dem dialogischen Gewande entkleidet ist, in welchem sonst Platon alle seine Werke vorführt, und welches selbst dem »Menexenos« nicht fehlt, der sonst eben so nur aus einer Rede besteht. Warum also soll nur die »Verteidigung«, welche diesen Schmuck so leicht angenommen hätte, unter allen Werken des Platon sie allein, desselben entbehren? So überredend nun dieses klingt: so ist doch das Gewicht aller andern Gründe zu stark, als daß es nicht hinreichen sollte dieses Bedenken aufzuwiegen, daher wir auf die Einwendung folgendes erwidern. Einmal vielleicht war die dialogische Einkleidung dem Platon damals noch gar nicht so zur Notwendigkeit geworden als späterhin, welches für diejenigen gesagt sei, welche geneigt sind einen großen Wert auf die Einkleidung des »Menexenos« zu legen; oder Platon selbst sonderte zu sehr diese »Verteidigung« von seinen übrigen Schriften ab, als daß es ihm eingefallen wäre, sie demselben Gesetz unterwerfen zu wollen. Dann wäre es auch überhaupt des Platon sehr unwürdig, wenn jemand die dialogische Einkleidung auch bei den Werken, in deren Hauptmasse sie eben nicht tief eindringt, nur für eine willkürlich umgehängte Zierde halten wollte; vielmehr hat sie immer ihre Bedeutung und trägt bei zu des ganzen Gestaltung und Wirkung. Wenn nun dieses hier nicht der Fall gewesen wäre: warum hätte Platon sie gewaltsam herbeiführen sollen? Zumal er höchst wahrscheinlich die Bekanntwerdung dieser Rede möglichst beschleunigen wollte, und es vielleicht nicht für ratsam hielt, sich damals ein öffentliches Urteil über den Ausgang der Sache zu erlauben, welches, wenn er die Rede in ein Gespräch eingewickelt hätte, nicht leicht gewesen wäre zu vermeiden, oder dies wäre ganz leer und unbedeutend geworden.

Von der Athenischen Gerichtspflege in ähnlichen Fällen ist wohl, was zum Verständnis dieser Schrift an vielen Orten bei gebracht worden, als allgemein bekannt vorauszusetzen; auch erklärt das meiste die Rede selbst.

(17) Was wohl Euch, ihr Athener, meine Ankläger angetan haben, weiß ich nicht: ich meines Teils aber hätte ja selbst beinahe über sie meiner selbst vergessen; so überredend haben sie gesprochen. Wiewohl Wahres, daß ich das Wort heraussage, haben sie gar nichts gesagt. Am meisten aber habe ich Eins von ihnen bewundert unter dem Vielen, was sie gelogen, dieses wo sie sagten, Ihr müßtet euch wohl hüten, daß ihr nicht von mir getäuscht würdet, als der ich gar gewaltig wäre im Reden. Denn daß sie sich nicht schämen, sogleich von mir widerlegt zu werden durch die Tat, wenn ich mich nun auch im geringsten nicht gewaltig zeige im Reden, dieses dünkte mich ihr unverschämtestes zu sein; wofern diese nicht etwa den gewaltig im Reden nennen, der die Wahrheit redet. Denn wenn sie dies meinen, möchte ich mich wohl dazu bekennen, ein Redner zu sein, der sich nicht mit ihnen vergleicht. Diese nämlich, wie ich behaupte, haben gar nichts Wahres geredet; Ihr aber sollt von mir die ganze Wahrheit hören. Jedoch, ihr Athener, beim Zeus, Reden aus zierlich erlesenen Worten gefällig zusammengeschmückt und aufgeputzt, wie dieser ihre waren, keinesweges, sondern ganz schlicht werdet ihr mich reden hören in ungewählten Worten. Denn ich glaube, was ich sage ist gerecht, und Niemand unter euch erwarte noch sonst etwas. Auch würde es sich ja schlecht ziemen, ihr Männer, in solchem Alter gleich einem Knaben der Reden ausarbeitet vor euch hinzutreten. Indes bitte ich euch darum auch noch recht sehr, ihr Athener, und bedinge es mir aus, wenn ihr mich hört mit ähnlichen Reden meine Verteidigung führen, wie ich gewohnt bin auch auf dem Markt zu reden bei den Wechslertischen, wo die Mehresten unter euch mich gehört haben, und anderwärts, daß ihr euch nicht verwundert noch mir Getümmel erregt deshalb. Denn so verhält sich die Sache. Jetzt zum erstenmal trete ich vor Gericht, da ich über Siebzig Jahr alt bin; ganz ordentlich also bin ich ein Fremdling in der hier üblichen Art zu reden. So wie ihr nun, wenn ich wirklich ein Fremder wäre, mir es nachsehen würdet, daß ich in jener Mundart und Weise redete, (18) worin ich erzogen worden: eben so erbitte ich mir auch nun dieses billige, wie mich dünkt, von Euch, daß ihr nämlich die Art zu reden übersehet, vielleicht ist sie schlechter vielleicht auch wohl gar besser, und nur dies erwäget und Acht darauf habet, ob das recht ist oder nicht was ich sage. Denn dies ist des Richters Tüchtigkeit, des Redners aber die Wahrheit zu reden.

Zuerst nun, ihr Athener, muß ich mich wohl verteidigen gegen das, dessen ich zuerst fälschlich angeklagt bin und gegen meine ersten Ankläger, und hernach gegen der späteren späteres. Denn viele Ankläger habe ich längst bei euch gehabt und schon vor vielen Jahren, und die nichts wahres sagten, welche ich mehr fürchte als den Anytos, obgleich auch der furchtbar ist. Allein jene sind furchtbarer, ihr Männer, welche viele von euch schon als Kinder an sich gelockt und überredet, mich aber beschuldiget haben ohne Grund, als gäbe es einen Sokrates, einen weisen Mann, der den Dingen am Himmel nachgrüble und auch das unterirdische alles erforscht habe, und unrecht zu recht mache. Diese, ihr Athener, welche solche Gerüchte verbreitet haben, sind meine furchtbaren Ankläger. Denn die Hörer meinen gar leicht, wer solche Dinge untersuche, glaube auch nicht einmal Götter. Ferner sind auch dieser Ankläger viele, und viele Zeit hindurch haben sie mich verklagt, und in dem Alter zu euch geredet wo ihr wohl sehr leicht glauben mußtet, weil ihr Kinder wart, einige von euch wohl auch Knaben, und offenbar an leerer Stätte klagten sie, wo sich keiner verteidigte. Das übelste aber ist, daß man nicht einmal ihre Namen wissen und angeben kann, außer etwa wenn ein Komödienschreiber darunter ist. Die übrigen aber, welche euch gehässig und verläumderisch aufgeredet, und auch die selbst nur überredet Andre Überredenden, in Absicht dieser aller bin ich ganz ratlos. Denn weder hieher zur Stelle bringen noch ausfragen kann ich irgend einen von ihnen: sondern muß ordentlich wie mit Schatten kämpfen in meiner Verteidigung und ausfragen, ohne daß einer antwortet. Nehmet also auch ihr an, wie ich sage, daß ich zweierlei Ankläger gehabt habe, die Einen die mich eben erst verklagt haben, die Andern die von ehedem die ich meine; und glaubet, daß ich mich gegen diese zuerst verteidigen muß. Denn auch ihr habt jenen als sie klagten zuerst Gehör gegeben, und weit mehr als diesen späteren.

(19) Wohl! Verteidigen muß ich mich also, ihr Athener, und den Versuch machen, eine ange-schuldigte Meinung, die ihr seit langer Zeit hegt, euch in so sehr kurzer Zeit zu benehmen. Ich wünschte nur zwar wohl, daß dieses so erfolgte, wenn es so besser ist für euch sowohl als für mich, und daß ich etwas gewönne durch meine Verteidigung. Ich glaube aber dieses ist schwer, und keinesweges entgeht mir, wie es damit steht. Doch dieses gehe nun, wie es Gotte genehm ist, mir gebührt dem Gesetz zu gehorchen und mich zu verteidigen.

Rufen wir uns also zurück von Anfang her, was für eine Anschuldigung es doch ist, aus welcher mein übler Ruf entstanden ist, worauf auch Melitos bauend diese Klage gegen mich eingegeben hat. Wohl! Mit was für Reden also verläumdeten mich meine Verläumder? Als wären sie ordentliche Kläger, so muß ich ihre beschworene Klage ablesen: »Sokrates frevelt und treibt Torheit indem er unterirdische und himmlische Dinge untersucht und Unrecht zu Recht macht, und dies auch Andere lehrt.« Solcherlei ist sie etwa: denn solcherlei habt ihr selbst gesehen in des Aristophanes Komödie, wo ein Sokrates vorgestellt wird, der sich rühmt in der Luft zu gehn, und viel andere Albernheiten vorbringt, wovon ich weder viel noch wenig verstehe. Und nicht sage ich dies um eine solche Wissenschaft zu schmähen, dafern jemand in diesen Dingen weise ist, – möchte ich mich doch nicht solcher Anklagen vom Melitos zu erwehren haben! – sondern nur ihr Athener weil ich eben an diesen Dingen keinen Teil habe. Und zu Zeugen rufe ich einen großen Teil von euch selbst, und fodere euch auf, einander zu berichten und zu erzählen, so viele eurer jemals mich reden gehört haben. Deren aber gibt es viele unter euch. So erzählt euch nun, ob jemals einer unter euch mich viel oder wenig über dergleichen Dinge hat reden gehört. Und hieraus könnt ihr ersehen, daß es eben so auch mit allem übrigen steht, was die Leute von mir sagen. Aber es ist eben weder hieran etwas, noch auch wenn ihr etwa von einem gehört habt, ich gäbe mich dafür aus Menschen zu erziehen und verdiente Geld damit; auch das ist nicht wahr. Denn auch das scheint mir meines Teils wohl etwas schönes zu sein, wenn Jemand im Stande wäre Menschen zu erziehen wie Gorgias der Leontiner und Prodikos der Keier und auch Hippias von Elis. Denn diese alle, ihr Männer, verstehen das, in allen Städten umherziehend die Jünglinge, die dort unter ihren Mitbürgern zu wem sie wollten sich unentgeltlich (20) halten könnten, diese überreden sie mit Hintansetzung jenes Umganges sich Geld bezahlend zu ihnen zu halten und ihnen noch Dank dazu zu wissen. Ja es gibt auch hier noch einen andern Mann, einen Parier, von dessen Aufenthalt ich erfuhr. Ich traf nämlich auf einen Mann der den Sophisten mehr Geld gezahlt hat als alle übrigen zusammen, Kallias den Sohn des Hipponikos. Diesen fragte ich also, denn er hat zwei Söhne: Wenn deine Söhne, Kallias, sprach ich, Füllen oder Kälber wären, wüßten wir wohl einen Aufseher für sie zu finden oder zu dingen, der sie gut und tüchtig machen würde in der ihnen angemessenen Tugend, es würde nämlich ein Bereuter sein oder ein Landmann: nun sie aber Menschen sind, was für einen Aufseher bist du gesonnen ihnen zu geben? wer ist wohl in dieser menschlichen und bürgerlichen Tugend ein Sachverständiger? denn ich glaube doch du hast darüber nachgedacht, da du Söhne hast. Gibt es einen, sprach ich, oder nicht? O freilich, sagte er. Wer doch, sprach ich, und von wannen? und um welchen Preis lehrt er? Euenos der Parier, antwortete er, für fünf Minen. Da pries ich den Euenos glücklich, wenn er wirklich diese Kunst besäße und so vortrefflich lehrte. Ich also würde gewiß mich recht damit rühmen und groß tun, wenn ich dies verstände: aber ich verstehe es eben nicht, ihr Athener. Vielleicht nun möchte jemand von euch einwenden: Aber Sokrates, was ist denn also dein Geschäft? woher sind diese Verläumdun-gen dir entstanden? Denn gewiß, wenn du nichts besonders betriebest vor Andern, es würde nicht solcher Ruf und Gerede entstanden sein, wenn du nicht ganz etwas anders tätest als an-dere Leute. So sage uns doch was es ist, damit wir uns nicht auf Geratewohl unsere eignen Gedanken machen über dich. Dies dünkt mich mit Recht zu sagen wer es sagt, und ich will versuchen euch zu zeigen, was dasjenige ist, was mir den Namen und den übeln Ruf gemacht hat. Höret also, und vielleicht wird manchen von euch bedünken ich scherzte: glaubet indes sicher, daß ich die reine Wahrheit rede. Ich habe nämlich, ihr Athener, durch nichts anders als durch eine gewisse Weisheit diesen Namen erlangt. Durch was für eine Weisheit aber? Die eben vielleicht die menschliche Weisheit ist. Denn ich mag in der Tat wohl in dieser weise sein; jene aber deren ich eben erwähnt sind vielleicht weise in einer Weisheit, die nicht dem Menschen angemessen ist; oder ich weiß nicht was ich sagen soll, denn ich verstehe sie nicht, sondern wer das sagt, der lügt es und sagt es mir zur Verläumdung. Und ich bitte euch, ihr Athener, erregt mir kein Getümmel, selbst wenn ich euch etwas vorlaut zu reden dünken sollte. Denn nicht meine Rede ist es, die ich vorbringe: sondern auf einen ganz glaubwürdigen Urheber will ich sie euch zurückführen. Über meine Weisheit nämlich, ob sie wohl eine ist und was für eine, will ich euch zum Zeugen stellen den Gott in Delphoi. Den Chairephon kennt ihr doch. Dieser war mein Freund von Jugend auf, und auch euer des Volkes Freund war es, und ist bei (21) dieser letzten Flucht mit geflohen, und mit euch auch zurückgekehrt. Und ihr wißt doch, wie Chairephon war, wie heftig in allem, was er auch beginnen mochte. So auch als er einst nach Delphoi gegangen war, erkühnte er sich hierüber ein Orakel zu begehren; nur, wie ich sage, kein Getümmel ihr Männer. Er fragte also, ob wohl Jemand weiser wäre als ich. Da läugnete nun die Pythia, daß Jemand weiser wäre. Und hierüber kann euch dieser sein Bruder hier Zeugnis ablegen, da jener bereits verstorben ist. Bedenket nun, weshalb ich dieses sage; ich will euch nämlich erklären, woher doch die Verläumdung gegen mich entstanden ist. Denn nachdem ich dieses gehört, gedachte ich bei mir also: Was meint doch wohl der Gott? und was will er etwa andeuten? Denn das bin ich mir doch bewußt, daß ich weder viel noch wenig weise bin. Was meint er also mit der Behauptung ich sei der weiseste? Denn lügen wird er doch wohl nicht; das ist ihm ja nicht verstattet. Und lange Zeit konnte ich nicht begreifen was er meinte; endlich wendete ich mich gar ungern zur Untersuchung der Sache auf folgende Art. Ich ging zu einem von den für weise gehaltenen, um dort, wenn irgendwo, das Orakel zu überführen und dem Spruch zu zeigen: Dieser ist doch wohl weiser als ich, du aber hast auf mich ausgesagt. Indem ich nun diesen beschaute, denn ihn mit Namen zu nennen ist nicht nötig, es war aber einer von den Staatsmännern, auf welchen schauend es mir folgendergestalt erging, ihr Athener. Im Gespräch mit ihm schien mir dieser Mann zwar vielen andern Menschen auch am meisten aber sich selbst sehr weise vorzukommen, es zu sein aber gar nicht. Darauf nun versuchte ich ihm zu zeigen, er glaubte zwar weise zu sein, wäre es aber nicht; wodurch ich dann ihm selbst verhaßt ward und vielen der Anwesenden. Indem ich also fortging, gedachte ich bei mir selbst, als dieser Mann bin ich nun freilich weiser. Denn es mag wohl eben keiner von uns beiden etwas tüchtiges oder sonderliches wissen; allein dieser doch meint zu wissen, da er nicht weiß, ich aber wie ich eben nicht weiß, so meine ich es auch nicht. Ich scheine also um dieses wenige doch weiser zu sein als er, daß ich, was ich nicht weiß, auch nicht glaube zu wissen. Hierauf ging ich dann zu einem Andern von den für noch weiser als jener geltenden, und es dünkte mich eben dasselbe, und ich wurde dadurch ihm selbst sowohl als vielen Andern verhaßt. Nach diesem nun ging ich schon nach der Reihe, bemerkend freilich und bedauernd, und auch in Furcht darüber, daß ich mich verhaßt machte; doch aber dünkte es mich notwendig des Gottes Sache über alles andere zu setzen; und so mußte ich denn gehen immer dem Orakel nachdenkend, was es wohl meine, zu Allen welche dafür galten etwas zu wissen. (22) Und beim Hunde, ihr Athener, denn ich muß die Wahrheit zu euch reden, wahrlich es erging mir so. Die berühmtesten dünkten mich beinahe die armseligsten zu sein, wenn ich es dem Gott zufolge untersuchte, Andere minder geachtete aber noch eher für vernünftig gelten zu können. Ich muß euch wohl mein ganzes Abenteuer berichten mit was für Arbeiten gleichsam ich mich gequält habe, damit das Orakel mir ja ungetadelt bliebe. Nach den Staatsmännern nämlich ging ich zu den Dichtern, den tragischen sowohl als den dithyrambischen und den übrigen, um dort mich selbst auf der Tat zu ergreifen als unwissender denn sie. Von ihren Gedichten also diejenigen vornehmend, welche sie mir am vorzüglichsten schienen ausgearbeitet zu haben, fragte ich sie aus, was sie wohl damit meinten, auf daß ich auch zugleich etwas lernte von ihnen. Schämen muß ich mich nun freilich, ihr Männer, euch die Wahrheit zu sagen: dennoch soll sie gesagt werden. Um es nämlich gerade heraus zu sagen, fast sprachen alle Anwesenden besser als sie selbst über das was sie gedichtet hatten. Ich erfuhr also auch von den Dichtern in kurzem dieses, daß sie nicht durch Weisheit dichteten, was sie dichten, sondern durch eine Naturgabe und in der Begeisterung, eben wie die Wahrsager und Orakelsänger. Denn auch diese sagen viel schönes, wissen aber nichts von dem, was sie sagen; eben so nun ward mir deutlich daß es auch den Dichtern erginge. Und zugleich merkte ich, daß sie glaubten um ihrer Dichtung willen auch in allem übrigen sehr weise Männer zu sein, worin sie es nicht waren. Fort ging ich also auch von ihnen mit dem Glauben, sie um das nämliche zu übertreffen wie auch die Staatsmänner. Zum Schluß nun ging ich auch zu den Handarbeitern. Denn von mir selbst wußte ich, daß ich gar nichts weiß um es gerade heraus zu sagen, von diesen aber wußte ich doch, daß ich sie vielerlei schönes wissend finden würde. Und darin betrog ich mich nun auch nicht; sondern sie wußten wirklich was ich nicht wußte, und waren in sofern weiser. Aber, ihr Athener, denselben Fehler wie die Dichter, dünkte mich, hatten auch diese trefflichen Meister. Weil er seine Kunst gründlich erlernt hatte, wollte jeder auch in den andern wichtigsten Dingen sehr weise sein; und diese ihre Torheit verdeckte jene ihre Weisheit. So daß ich mich selbst auch befragte im Namen des Orakels, welches ich wohl lieber möchte, so sein wie ich war, gar nichts verstehend von ihrer Weisheit aber auch nicht behaftet mit ihrem Unverstande, oder aber in beiden Stücken so sein wie sie. Da antwortete ich denn mir selbst und dem Orakel, es wäre mir besser so zu sein wie ich war. Aus dieser Nachforschung also, ihr Athener, sind mir viele Feindschaften entstanden, (23) und zwar die beschwerlichsten und lästigsten, so daß viel Verläumdung daraus entstand, und auch der Name, daß es hieß ich wäre ein Weiser. Es glauben nämlich jedesmal die Anwesenden, ich verstände mich selbst darauf, worin ich einen Andern zu Schanden mache. Es scheint aber, ihr Athener, in der Tat der Gott weise zu sein, und mit diesem Orakel dies zu sagen, daß die menschliche Weisheit sehr weniges nur wert ist oder gar nichts, und offenbar nicht dies vom Sokrates zu sagen, sondern nur mich zum Beispiel erwählend sich meines Namens zu bedienen, wie wenn er sagte: Unter euch ihr Menschen ist der weiseste, der wie Sokrates einsieht, daß er in der Tat nichts wert ist was die Weisheit anbelangt. Dieses nun gehe ich auch jetzt noch umher nach des Gottes Anweisung zu untersuchen und zu erforschen, wo ich nur einen für weise halte von Bürgern und Fremden; und wenn er es mir nicht zu sein scheint, so helfe ich dem Gotte und zeige ihm, daß er nicht weise ist. Und über diesem Geschäft habe ich nicht Muße gehabt weder in den Angelegenheiten der Stadt etwas der Rede wertes zu leisten, noch auch in meinen häuslichen; sondern in tausendfältiger Armut lebe ich wegen dieses dem Gotte geleisteten Dienstes. Über dieses aber folgen mir die Jünglinge, welche die meiste Muße haben, der reichsten Bürger Söhne also, freiwillig, und freuen sich zu hören wie die Menschen untersucht werden; oft auch tun sie es mir nach und versuchen selbst Andere zu untersuchen, und finden dann, glaube ich, eine große Menge solcher Menschen, welche zwar glauben etwas zu wissen, wissen aber wenig oder nichts. Deshalb nun zürnen die von ihnen untersuchten mir und nicht ihnen und sagen, Sokrates ist doch ein ganz ruchloser Mensch und verderbt die Jünglinge. Und wenn sie Jemand fragt was doch treibt er und was lehrt er sie: so haben sie freilich nichts zu sagen weil sie nichts wissen; um aber nicht verlegen zu erscheinen, sagen sie dies, was gegen alle Freunde der Wissenschaft bei der Hand ist, die Dinge am Himmel und unter der Erde, und keine Götter glauben und Unrecht zu Recht machen. Denn die Wahrheit denke ich möchten sie nicht sagen wollen, daß sie nämlich offenbar werden als solche, die zwar vorgeben etwas zu wissen, wissen aber nichts. Weil sie nun denke ich ehrgeizig sind und heftig, und ihrer Viele, welche einverstanden mit einander und sehr scheinbar von mir reden: so haben sie schon lange und gewaltig mit Verläumdungen euch die Ohren angefüllt. Aus diesen sind Melitos gegen mich aufgestanden, und Anytos und Lykon; Melitos der Dichter wegen mir aufsässig, Anytos wegen der Handarbeiter und Staatsmänner, Lykon aber wegen der Redner. So daß, wie ich auch gleich anfangs sagte, ich mich wundern müßte, (24) wenn ich im Stande wäre, in so kurzer Zeit diese so sehr oft wiederholte Verläumdung euch auszureden. Dieses, ihr Athener, ist euch die Wahrheit, ohne weder kleines noch großes verhehlt oder entrückt zu haben, sage ich sie euch. Wiewohl ich fast weiß, daß ich eben deshalb verhaßt bin. Welches eben ein Beweis ist, daß ich die Wahrheit rede, und daß dieses mein übler Ruf ist und dies die Ursachen davon sind. Und wenn ihr, sei es nun itzt oder in der Folge, die Sache untersucht werdet ihr es so finden. Gegen das nun, was meine ersten Ankläger geklagt haben, sei diese Verteidigung hinlänglich vor euch. Gegen Melitos aber, den guten und vaterlandsliebenden, wie er ja sagt, und gegen die späteren will ich hiernächst versuchen mich zu verteidigen. Wiederum also laßt uns, wie sie denn andere Ankläger sind, nun auch ihre beschworene Klage vornehmen. Sie lautet aber etwa so: Sokrates, sagt er, frevele indem er die Jugend verderbe und die Götter welche der Staat annimmt nicht annehme, sondern anderes neues daimonisches. Das ist die Beschuldigung, und von dieser Beschuldigung wollen wir nun jedes einzelne untersuchen. Er sagt also ich frevele durch Verderb der Jugend. Ich aber, ihr Athener, sage Melitos frevelt, indem er mit ernsthaften Dingen Scherz treibt, und leichtsinnig Menschen aufs Leben anklagt, und sich eifrig und besorgt anstellt für Gegenstände um die doch dieser Mann sich nie im geringsten bekümmert hat. Daß sich aber dies so verhalte, will ich versuchen auch euch zu zeigen. Her also zu mir Melitos und sprich! Nicht wahr dir ist das sehr wichtig, daß die Jugend aufs beste gedeihe? – Mir freilich. – So komm also und sage diesen, wer sie denn besser macht? Denn offenbar weißt du es doch, da es dir so angelegen ist. Denn den Verderber hast du wohl aufgefunden, mich wie du behauptest, und vor diese hergeführt und verklagt: so komm denn und nenne ihnen auch den Besserer, und zeige an wer es ist! Siehst du, o Melitos, wie du schweigst und nichts zu sagen weißt? Dünkt dich denn das nicht schändlich zu sein, und Beweis genug für das, was ich sage, daß du dich hierum nie bekümmert hast? So sage doch, du Guter, wer macht sie besser? – Die Gesetze. – Aber danach frage ich nicht, Bester, sondern welcher Mensch, der freilich diese zuvor auch kennt, die Gesetze. – Diese hier, o Sokrates, die Richter. – Was sagst du, o Melitos? diese hier sind im Stande die Jugend zu bilden und besser zu machen? – Ganz gewiß. – Etwa alle? oder einige nur von ihnen, andere aber nicht? – Alle. – Herrlich, bei der Hera gesprochen! und ein großer Reichtum von solchen die uns im Guten fördern! Wie aber, machen auch diese Zuhörer sie besser oder nicht? – Auch (25) diese. – Und wie die Ratmänner? – Auch die Ratmänner. – Aber, o Melitos, verderben nicht etwa die in der Gemeinde die Gemeindemänner die Jugend? oder machen auch diese alle sie besser? – Auch diese. – Alle Athener also machen sie, wie es scheint, gut und edel, mich ausgenommen; ich aber allein verderbe sie. Meinst du es so? – Allerdings gar sehr meine ich es so. – In eine große Unseligkeit verdammst du mich also! Antworte mir aber, dünkt es dich mit den Pferden auch so zu stehen, daß alle Menschen sie bessern, und nur einer sie verderbt? Oder ist nicht ganz im Gegenteil nur Einer geschickt sie zu bessern, oder Wenige, die Bereuter, die meisten aber wenn sie mit Pferden umgehn und sie gebrauchen verderben sie? Verhält es sich nicht so, Melitos, bei Pferden und allen andern Tieren? Allerdings so, du und Anytos mögen es nun läugnen oder zugeben. Gar glückselig stände es freilich um die Jugend, wenn Einer allein sie verderbte, die andern aber alle sie zum Guten förderten. Aber, Melitos, du zeigst eben hinlänglich, daß du niemals an die Jugend gedacht hast, und offenbarst deutlich deine Gleichgültigkeit, daß du dich nie um das bekümmert hast, weshalb du mich hieher foderst. Weiter, sage uns doch beim Zeus Melitos, ob es besser ist unter guten Bürgern wohnen oder unter schlechten? Freund, lieber, antworte doch! ich frage dich ja nichts schweres. Tun die schlechten nicht allemal, denen etwas Übles, die ihnen jedesmal am nächsten sind, die Guten aber etwas Gutes? – Allerdings. – Ist also wohl Jemand, der von denen mit welchen er umgeht lieber will beschädigt sein als geholfen? Antworte mir du Guter. Denn das Gesetz befiehlt dir zu antworten. Will wohl Jemand beschädigt werden? – Wohl nicht. – Wohlan denn, foderst du mich hieher als Verderber und Verschlimmerer der Jugend so daß ich es vorsätzlich sein soll oder unvorsätzlich? – Vorsätzlich, meine ich. – Wie doch, o Melitos, soviel bist du weiser in deinem Alter als ich in dem meinigen, daß du zwar einsiehst wie die schlechten allemal denen übles zufügen die ihnen am nächsten sind, die Guten aber Gutes; ich aber es so weit gebracht habe im Unverstande, daß ich auch das nicht einmal weiß, wie ich wenn ich einen von meinen Nächsten schlecht mache, selbst Gefahr laufe Übles von ihm zu erdulden? so daß ich mir dieses große Übel vorsätzlich anrichte, wie du sagst? Das glaube ich dir nicht, Melitos, ich meine aber auch kein anderer Mensch glaubt es dir; sondern entweder ich verderbe sie gar nicht, oder ich verderbe sie unvorsätzlich, so daß du (26) doch in beiden Fällen lügst. Verderbe ich sie aber unvorsätzlich; so ist solcher und zwar unvorsätzlicher Vergehungen wegen nicht gesetzlich, Jemand hieher zu fodern, sondern ihn für sich allein zu nehmen und so zu belehren und zu ermahnen. Denn offenbar ist, daß wenn ich belehrt bin, ich aufhören werde mit dem was ich unvorsätzlich tue. Dich aber mit mir einzulassen und mich zu belehren, das hast du vermieden und nicht gewollt, sondern hieher foderst du mich, wohin gesetzlich ist nur die zu fodern, welche der Züchtigung bedürfen und nicht der Belehrung. Doch, ihr Athener, das ist wohl schon offenbar, was ich sagte, daß sich Melitos um diese Sache nie weder viel noch wenig bekümmert hat! Indes aber sage uns Melitos, auf welche Art du denn behauptest daß ich die Jugend verderbe? Oder offenbar nach deiner Klage die du eingegeben, indem ich lehre die Götter nicht zu glauben, welche der Staat glaubt, sondern allerlei neues daimonisches. Ist das nicht deine Meinung, daß ich sie durch solche Lehre verderbe? – Freilich gar sehr ist das meine Meinung. – Nun dann, bei eben diesen Göttern, o Melitos, von denen itzt die Rede ist, sprich noch deutlicher mit mir und mit diesen Männern hier. Denn ich kann nicht verstehen ob du meinst ich lehre zu glauben daß es gewisse Götter gäbe, so daß ich also doch selbst Götter glaube und nicht ganz und gar gottlos bin, noch also hiedurch frevele, nur jedoch die nicht, welche der Staat, und ob du mich deshalb verklagst, daß ich Andere glaube; oder ob du meinst, ich selbst glaube überall gar keine Götter, und lehre dies auch Andere? – Dieses meine ich, daß du überall gar keine Götter glaubst. – O wunderlicher Melitos? wie kömmst du doch darauf dies zu meinen? halte ich also auch weder Sonne noch Mond für Götter, wie die übrigen Menschen? – Nein, beim Zeus ihr Richter! denn die Sonne, behauptet er, sei ein Stein, und der Mond sei Erde. – Du glaubst wohl den Anaxagoras anzuklagen, lieber Melitos? und denkst so geringe von diesen, und hältst sie für so unerfahren in Schriften, daß sie nicht wüßten, wie des Klazomenier Anaxagoras Schriften voll sind von dergleichen Sätzen? Und also auch die jungen Leute lernen wohl das von mir, was sie sich manchmal für höchstens eine Drachme in der Orchestre kaufen, und dann den Sokrates auslachen können, wenn er für sein ausgibt, was überdies noch so sehr ungereimt ist? Also, beim Zeus, so ganz dünke ich dich gar keinen Gott zu glauben? – Nein eben, beim Zeus, auch nicht im mindesten. – Du glaubst wenig genug, o Melitos, jedoch, wie mich dünkt, auch dir selbst. Denn mich dünkt dieser Mann, ihr Athener, ungemein übermütig und ausgelassen, und ordentlich aus Übermut und Ausgelassenheit diese Klage wie einen Jugendstreich angestellt zu haben. Denn es sieht aus, als habe er ein Rätsel ausgesonnen, und wollte nun versuchen, ob (27) wohl der weise Sokrates nicht merken wird, wie ich Scherz treibe und mir selbst widerspreche in meinen Reden, oder ob ich ihn, und die Andern welche zuhören, hintergehen werde. Denn dieser scheint mir ganz offenbar sich selbst zu widersprechen in seiner Anklage, als ob er sagte, Sokrates frevelt indem er keine Götter glaubt, sondern Götter glaubt, wiewohl einer das doch nur im Scherz sagen kann! Erwägt aber mit mir, ihr Männer, warum ich finde, daß er dies sagt. Du aber antworte uns, o Melitos. Ihr aber, was ich euch von Anfang an gebeten habe, denkt wohl daran, mir kein Getümmel zu erregen, wenn ich auf meine gewohnte Weise die Sache führe. Gibt es wohl einen Menschen, o Melitos, welcher, daß es menschliche Dinge gebe, zwar glaubt, Menschen aber nicht glaubt? Er soll antworten, ihr Männer, und nicht anderes und anderes Getümmel treiben! Gibt es einen, der zwar keine Pferde glaubt, aber doch Dinge von Pferden? oder zwar keine Flötenspieler glaubt, aber doch Dinge von Flötenspielern? Nein es gibt keinen, bester Mann; wenn du doch nicht antworten willst, will ich es dir und den übrigen hier sagen. Aber das nächste beantworte: Gibt es einen, welcher zwar, daß es daimonische Dinge gebe glaubt, Daimonen aber nicht glaubt? – Es gibt keinen. – Wie bin ich dir verbunden, daß du endlich, von diesen gezwungen; geantwortet hast. Daimonisches nun behauptest du, daß ich glaube und lehre, sei es nun neues oder altes, also Daimonisches glaube ich doch immer nach deiner Rede? Und das hast du ja selbst beschworen in der Anklageschrift. Wenn ich aber Daimonisches glaube, so muß ich doch ganz notwendig auch Daimonen glauben. Ist es nicht so? Wohl ist es so! Denn ich nehme an, daß du einstimmst, da du ja nicht antwortest. Und die Daimonen halten wir die nicht für Götter entweder, oder doch für Söhne von Göttern? Sagst du ja oder nein? – Ja, freilich. – Wenn ich also Daimonen glaube, wie du sagst, und die Daimonen sind selbst Götter, das wäre ja ganz das, was ich sage, daß du Rätsel vorbringst und scherzest, wenn du mich, der ich keine Götter glauben soll, hernach doch wieder Götter glauben läßt, da ich ja Daimonen glaube. Wenn aber wiederum die Daimonen Kinder der Götter sind, unächte von Nymphen oder andern denen sie ja auch zugeschrieben werden: welcher Mensch könnte dann wohl glauben daß es Kinder der Götter gäbe, Götter aber nicht? Eben so ungereimt wäre das ja, als wenn Jemand glauben wollte, Kinder gebe es wohl von Pferden und Eseln, Maulesel nämlich, Esel aber und Pferde wollte er nicht glauben, daß es gäbe. Also Melitos, es kann nicht anders sein, als daß du entweder um uns zu versuchen diese Klage angestellt hast, oder in gänzlicher Verlegenheit was für ein wahres Verbrechen du mir wohl anschuldigen könntest. Wie du aber irgend einen Menschen, der auch nur ganz wenig Verstand hat, überreden willst, daß ein und derselbe Mensch Daimonisches und Göttliches glaubt, und wiederum derselbe doch auch weder Daimonen noch Götter noch Heroen, das ist doch auf keine Weise zu ersinnen.

(28) Jedoch, ihr Athener, daß ich nicht strafbar bin in Beziehung auf die Anklage des Melitos, darüber scheint mir keine große Verteidigung nötig zu sein, sondern schon dieses ist genug. Was ich aber bereits im vorigen sagte, daß ich bei Vielen gar viel verhaßt bin, wißt nur, das ist wahr. Und das ist es auch, dem ich unterliegen werde, wenn ich unterliege, nicht dem Melitos, nicht dem Anytos, sondern dem üblen Ruf und dem Haß der Menge, dem auch schon viele andere treffliche Männer unterliegen mußten und glaube ich noch ferner unterliegen werden, und ist wohl nicht zu besorgen daß er bei mir sollte stehen bleiben. Vielleicht aber möchte einer sagen: Aber schämst du dich denn nicht, Sokrates, daß du dich mit solchen Dingen befaßt hast, die dich nun in Gefahr bringen zu sterben? Ich nun würde diesem die billige Rede entgegnen, Nicht gut sprichst du, lieber Mensch, wenn du glaubst Gefahr um Leben und Tod müsse in Anschlag bringen, wer auch nur ein weniges nutz ist, und müsse nicht vielmehr allein darauf sehn, wenn er etwas tut, ob es recht getan ist oder unrecht, ob eines rechtschaffenen Mannes Tat oder eines schlechten. Denn Elende wären ja nach deiner Rede die Halbgötter gewesen, welche vor Troja geendet haben und vorzüglich vor andern der Sohn der Thetis, welcher ehe er etwas schändliches ertragen wollte, die Gefahr so sehr verachtete, daß obgleich seine Mutter, die Göttin, als er sich aufmachte den Hektor zur töten, ihm so ohngefähr wie ich glaube zuredete, Wenn du, Sohn, den Tod deines Freundes Patroklos rächest und den Hektor tötest, so mußt du selbst sterben; denn, sagt sie, alsbald nach Hektor ist dir dein Ende geordnet, er dennoch dieses hörend den Tod und die Gefahr gering achtete, und weit mehr das fürchtend, als ein schlechter Mann zu leben und die Freunde nicht zu rächen, ihr antwortete, Möcht' ich sogleich hinsterben nachdem ich den Beleidiger gestraft, und nicht verlacht hier sitzen an den Schiffen, umsonst die Erde belastend. Meinst du etwa der habe sich um Tod und Gefahr bekümmert? Denn so, ihr Athener, verhält es sich in der Tat. Wohin Jemand sich selbst stellt in der Meinung es sei da am besten, oder wohin einer von seinen Obern gestellt wird, da muß er wie mich dünkt jede Gefahr aushalten, und weder den Tod noch selbst irgend etwas in Anschlag bringen gegen die Schande. Ich also hätte Arges getan, ihr Athener, wenn ich, als die Befehlshaber mir einen Platz anwiesen, die ihr gewählt hattet um über mich zu befehlen bei Potidaia, bei Amphipolis und Delion, damals also, wo jene mich hinstellten gestanden hätte wie irgend ein anderer und es auf den Tod gewagt; wo aber der Gott mich hinstellte, wie ich es doch glaubte und annahm, damit ich in Aufsuchung der Weisheit mein Leben hinbrächte, und in Prüfung meiner selbst und Anderer, wenn ich da den Tod oder irgend etwas fürchtend aus der Ordnung gewichen (29) wäre. Arg wäre das, und dann in Wahrheit könnte mich einer mit Recht hieher führen vor Gericht, weil ich nicht an die Götter glaubte, wenn ich dem Orakel unfolgsam wäre und den Tod fürchtete, und mich weise dünkte ohne es zu sein. Denn den Tod fürchten, ihr Männer, das ist nichts anderes, als sich dünken man wäre weise und es doch nicht sein. Denn es ist ein Dünkel etwas zu wissen was man nicht weiß. Denn Niemand weiß was der Tod ist, nicht einmal ob er nicht für den Menschen das größte ist unter allen Gütern. Sie fürchten ihn aber, als wüßten sie gewiß, daß er das größte Übel ist. Und wie wäre dies nicht eben derselbe verrufene Unverstand, die Einbildung etwas zu wissen, was man nicht weiß. Ich nun, ihr Athener, übertreffe vielleicht um dasselbe auch hierin die meisten Menschen. Und wollte ich behaupten, daß ich um irgend etwas weiser wäre: so wäre es um dieses, daß da ich nichts ordentlich weiß von den Dingen in der Unterwelt ich es auch nicht glaube zu wissen; gesetzwidrig handeln aber und dem besseren, Gott oder Mensch, ungehorsam sein, davon weiß ich, daß es übel und schändlich ist. Im

Vergleich also mit den Übeln, die ich als Übel kenne, werde ich niemals das wovon ich nicht weiß, ob es nicht ein Gut ist fürchten oder fliehen. So daß, wenn ihr mich itzt lossprechet ohne dem Anytos zu folgen, welcher sagt, entweder sollte ich gar nicht hieher gekommen sein, oder nachdem ich einmal hier wäre, sei es ganz unmöglich mich nicht hinzurichten, indem er euch vorstellt, wenn ich nun durchkäme dann erst würden eure Söhne sich dessen recht befleißigen was Sokrates lehrt und alle ganz und gar verderbt werden; wenn ihr mir hierauf sagtet, Jetzt Sokrates wollen wir zwar dem Anytos nicht folgen, sondern lassen dich los unter der Bedingung jedoch, daß du diese Nachforschung nicht mehr betreibst und nicht mehr nach Weisheit suchst; wirst du aber noch einmal darauf betroffen, daß du dies tust, so mußt du sterben; wenn ihr mich also wie gesagt auf diese Bedingung losgeben wolltet, so würde ich zu euch sprechen, Ich bin euch, ihr Athener, zwar zugetan und Freund, gehorchen aber werde ich dem Gotte mehr als euch, und so lange ich noch atme und es vermag, werde ich nicht aufhören nach Weisheit zu suchen und euch zu ermahnen und zu beweisen, wen von euch ich antreffe, mit meinen gewohnten Reden, wie, Bester Mann, als ein Athener aus der größten und für Weisheit und Macht berühmtesten Stadt, schämst du dich nicht für Geld zwar zu sorgen wie du dessen aufs meiste erlangest, und für Ruhm und Ehre, für Einsicht aber und Wahrheit und für deine Seele, daß sie sich aufs beste befinde sorgst du nicht und hierauf willst du nicht denken? Und wenn Jemand unter euch dies läugnet, und behauptet er denke wohl darauf, werde ich ihn nicht gleich loslassen und fortgehn; sondern ihn fragen und prüfen und ausforschen. Und wenn mich dünkt er besitze keine Tugend, behaupte es aber: so werde ich es ihm verweisen, daß er das wichtigste geringer (30) achtet und das schlechtere höher. So werde ich mit Jungen und Alten, wie ich sie eben treffe verfahren und mit Fremden und Bürgern, um soviel mehr aber mit euch Bürgern, als ihr mir näher verwandt seid. Denn so, wißt nur, befiehlt es der Gott. Und ich meines Teils glaube, daß noch nie größeres Gut dem Staate widerfahren ist als dieser Dienst, den ich dem Gott leiste. Denn nichts anderes tue ich, als daß ich umhergehe um Jung und Alt unter euch zu überreden, ja nicht für den Leib und für das Vermögen zuvor noch überall so sehr zu sorgen als für die Seele, daß diese aufs beste gedeihe, zeigend wie nicht aus dem Reichtum die Tugend entsteht, sondern aus der Tugend der Reichtum, und alle andern menschlichen Güter insgesamt, eigentümliche und gemeinschaftliche. Wenn ich nun durch solche Reden die Jugend verderbe, so müßten sie ja schädlich sein; wenn aber Jemand sagt, ich rede etwas anderes als dies, der sagt nichts. Dem gemäß nun, würde ich sagen, ihr Athenischen Männer, gehorcht nun dem Anytos oder nicht, sprecht mich los oder nicht, daß ich auf keinen Fall anders handeln werde, und müßte ich noch so oft sterben. Kein Getümmel, ihr Athener, sondern harret mir aus bei dem was ich euch gebeten, mir nicht zu toben über das was ich sage, sondern zu hören. Auch wird es euch, glaube ich, heilsam sein wenn ihr es hört. Denn ich bin im Begriff euch noch manches andere zu sagen, worüber ihr vielleicht schreien möchtet; aber keinesweges tut das. Denn wißt ihr, wenn ihr mich tötet, einen solchen Mann wie ich sage, so werdet ihr mir nicht größer Leid zufügen als euch selbst. Denn Leid zufügen wird mir weder Melitos noch Anytos im mindesten. Sie könnten es auch nicht; denn es ist, glaube ich, nicht in der Ordnung daß dem besseren Manne von dem schlechteren Leides geschehe. Töten freilich kann mich einer, oder vertreiben oder des Bürgerrechtes berauben. Allein dies hält dieser vielleicht und sonst mancher für große Übel, ich aber gar nicht; sondern weit mehr dergleichen tun, wie dieser jetzt tut, einen Andern widerrechtlich suchen hinzurichten. Daher auch jetzt, ihr Athener, ich weit entfernt bin um mein selbst willen mich zu verteidigen, wie einer wohl denken könnte, sondern um euretwillen, damit ihr nicht gegen des Gottes Gabe an euch etwas sündiget durch meine Verurteilung. Denn wenn ihr mich hinrichtet werdet ihr nicht leicht einen andern solchen finden, der ordentlich, sollte es auch lächerlich gesagt scheinen, von dem Gotte der Stadt beigegeben ist, wie einem großen und edlen Rosse, das aber eben seiner Größe wegen sich zur Trägheit neigt, und der Anreizung durch den Sporn bedarf, wie mich scheint der Gott dem Staate als einen solchen zugelegt zu haben, der ich auch euch einzeln anzuregen zu überreden (31) und zu verweisen den ganzen Tag nicht aufhöre, überall euch anliegend. Ein anderer solcher nun wird euch nicht leicht wieder werden ihr Männer. Wenn ihr also mir folgen wollt, werdet ihr meiner schonen. Ihr aber werdet vielleicht verdrießlich, wie die Schlummernden wenn man sie aufweckt, um euch stoßen, und mich dem Anytos folgend leichtsinnig hinrichten, dann aber das übrige Leben weiter fort schlafen, wenn euch nicht der Gott wieder einen Andern zuschickt aus Erbarmen. Daß ich aber ein solcher bin, der wohl von dem Gotte der Stadt mag geschenkt sein, das könnt ihr hieraus abnehmen. Denn nicht wie etwas menschliches sieht es aus, daß ich das meinige samt und sonders versäumt habe, und so viele Jahre schon ertrage daß meine Angelegenheiten zurückstehen, immer aber die eurigen betreibe an jeden einzeln mich wendend, und wie ein Vater oder älterer Bruder ihm zuredend, sich doch die Tugend angelegen sein zu lassen. Und wenn ich hievon noch einen Genuß hätte und um Lohn Andere so ermahnte, so hätte ich noch einen Grund. Nun aber seht ihr ja selbst, daß meine Ankläger, so schamlos sie mich auch alles Andern beschuldigen, dieses doch nicht erreichen konnten mit ihrer Schamlosigkeit, einen Zeugen aufzustellen, daß ich jemals einen Lohn mir ausgemacht oder gefodert hätte. Ich aber stelle, meine ich, einen hinreichenden Zeugen für die Wahrheit meiner Aussage, meine Armut. Vielleicht könnte auch dies Jemanden ungereimt dünken, daß ich um Einzelen zu raten umhergehe und mir viel zu schaffen mache, öffentlich aber mich nicht erdreiste in eurer Versammlung auftretend dem Staate zu raten. Hievon nun ist die Ursach, was ihr mich oft und vielfältig sagen gehört habt, daß mir etwas Göttliches und Daimonisches widerfährt, was auch Melitos in seiner Anklage auf Spott gezogen hat. Mir aber ist dieses von meiner Kindheit an geschehen, eine Stimme nämlich, welche jedesmal, wenn sie sich hören läßt, mir von etwas abredet, was ich tun will, zugeredet aber hat sie mir nie. Das ist es, was sich mir widersetzt daß ich nicht soll Staatsgeschäfte betreiben. Und sehr mit Recht, scheint es mir sich dem zu widersetzen. Denn wißt nur, ihr Athener, wenn ich schon vor langer Zeit unternommen hätte Staatsgeschäfte zu betreiben: so wäre ich auch schon längst umgekommen, und hätte weder euch etwas genutzt noch auch mir selbst. Werdet mir nur nicht böse, wenn ich die Wahrheit rede. Denn kein Mensch kann sich erhalten, der sich sei es nun euch oder einer andern Volksmenge tapfer widersetzt, und viel ungerechtes und gesetzwidriges im Staate zu verhindern sucht: sondern notwendig (32) muß, wer in der Tat für die Gerechtigkeit streiten will, auch wenn er sich nur kurze Zeit erhalten soll, ein zurückgezogenes Leben führen, nicht ein öffentliches. Tüchtige Beweise will ich euch hievon anführen, nicht Worte, sondern was ihr höher achtet, Tatsachen. Hört also von mir was mir selbst begegnet ist, damit ihr seht, daß ich auch nicht Einem nachgeben würde gegen das Recht aus Todesfurcht, und zugleich daß, wenn ich das nicht täte, ich umkommen müßte. Ich werde euch freilich unangenehme und langweilige Geschichten erzählen, aber doch wahre. Ich nämlich, ihr Athener, habe niemals irgend ein anderes Amt im Staate bekleidet, als nur zu Rate bin ich gesessen. Und eben hatte unser Stamm der Antiochische den Vortrag, als ihr den Anschlag faßtet die zehn Heerführer, welche die in der Seeschlacht Gebliebenen nicht begraben hatten, sämtlich zu verurteilen, ganz gesetzwidrig, wie es späterhin euch allen dünkte. Da war ich unter allen Prytanen der einzige, der sich euch widersetzte, damit ihr nichts gegen die Gesetze tun möchtet, und euch entgegenstimmte. Und obgleich die Redner bereit waren mich anzugeben und gefangen zu setzen, und ihr es fordertet und schriet: so glaubte ich doch ich müßte lieber mit dem Recht und dem Gesetz die Gefahr bestehen, als mich zu euch gesellen in einem so ungerechten Vorhaben aus Furcht des Gefängnisses oder des Todes. Und dies geschah, als im Staat noch das Volk herrschte. Nachdem aber die Regierung an einige wenige gekommen, so ließen einst die Dreißig mich mit noch Vier Anderen auf die Tholos holen, und trugen uns auf den Salaminier Leon aus Salamin herzubringen um ihn hinzurichten, wie sie denn dergleichen vieles Vielen Andern auch auftrugen, um so viele als irgend möglich in Verschuldungen zu verstricken. Auch da nun zeigte ich wiederum nicht durch Worte, sondern durch die Tat, daß der Tod, wenn euch das nicht zu bäurisch klingt, mich auch nicht das mindeste kümmerte, nichts ruchloses aber und nichts ungerechtes zu begehn mich mehr als alles kümmert. Denn mich konnte jene Regierung, so gewaltig sie auch war, nicht so einschrecken, daß ich etwas unrechtes getan hatte. Sondern als wir von der Tholos herunterkamen gingen die Viere nach Salamin und brachten den Leon; ich aber ging meines Weges nach Hause. Und vielleicht hätte ich deshalb sterben gemußt, wenn nicht jene Regierung kurz darauf wäre aufgelöset worden. Dies werden euch sehr Viele bezeugen können. Glaubt ihr wohl, daß ich so viele Jahre würde durchgekommen sein, wenn ich die öffentlichen Angelegenheiten verwaltet, und als ein redlicher Mann sie verwaltend überall dem Recht geholfen, und dies wie es sich gebührt über alles gesetzt hätte? Weit gefehlt, ihr Athener; und eben so wenig irgend ein anderer Mensch. Ich also werde (33) mein ganzes Leben hindurch öffentlich wo ich etwas verrichtet und eben so auch für mich, als ein solcher erscheinen, daß ich nie einem jemals irgend etwas eingeräumt habe wider das Recht, weder sonst jemand noch auch von diesen einem, die meine Verläumder meine Schüler nennen. Eigentlich aber bin ich nie irgend jemandes Lehrer gewesen; wenn aber Jemand, wie ich rede und mein Geschäft verrichte, Lust hat zu hören, Jung oder Alt, das habe ich nie Jemanden mißgönnt. Auch nicht etwa nur wenn ich Geld bekomme unterrede ich mich, wenn aber keines, dann nicht; sondern auf gleiche Weise stehe ich dem Armen wie dem Reichen bereit zu fragen, und wer da will kann antworten und hören was ich sage. Und ob nun Jemand von diesen besser wird oder nicht, davon bin ich nicht schuldig die Verantwortung zu tragen, da ich Unterweisung hierin weder jemals Jemanden versprochen noch auch erteilt habe. Wenn aber einer behauptet jemals von mir etwas gelernt oder gehört zu haben insbesondere, was nicht auch alle andere, so wißt, daß er nicht die Wahrheit redet. Aber weshalb halten sich wohl einige so gern seit langer Zeit zu mir? Das habt ihr gehört, Athener, ich habe euch die ganze Wahrheit gesagt, daß sie nämlich diejenigen gern mögen ausforschen hören, welche sich dünken weise zu sein, und es nicht sind. Denn es ist nicht unerfreulich. Mir aber ist dieses, wie ich behaupte, von dem Gotte auferlegt zu tun durch Orakel und Träume, und auf jede Weise wie nur je göttliche Schickung einem Menschen etwas auferlegt hat zu tun.

Dies, ihr Athener, ist eben so wahr als leicht zu erweisen. Denn wenn ich von unsern Jünglingen einige verderbe, andere verderbt habe: so würden doch, wenn einige unter ihnen bei reiferem Alter eingesehen hätten, daß ich ihnen je in ihrer Jugend zum Bösen geraten, diese selbst jetzt aufstehn um mich zu verklagen und zur Strafe zu ziehen; wollten sie aber selbst nicht, so würden irgend welche von ihren Verwandten, Eltern, Brüder oder andere Angehörige, wenn ich ihren Verwandten irgend böses zugefügt, es mir jetzt gedenken. Auf jeden Fall sind ja viele von ihnen hier zugegen, die ich sehe, zuerst hier Kriton mein Alters- und Zunftgenosse, der Vater dieses Kritobulos; dann Lysanias der Sphettier, dieses Aischines Vater; auch Antiphon der Kephesier, des Epigenes Vater. Und andere sind diese, deren Brüder meines Umganges gepflogen, Nikostratos des Theodotides Sohn, der Bruder des Theodotos, und zwar ist Theodotos tot, der ihn also nicht (34) kann beschwichtiget haben; und Paralos des Demodokos Sohn, dessen Bruder Theages war; und Adeimantos des Ariston Sohn, der Bruder dieses Platon; und Aiantodoros, dessen Bruder dieser Apollodoros ist. Und noch viele Andere kann ich euch nennen, von denen doch vor allen Dingen Melitos in seiner Rede irgend einen zum Zeugen sollte aufgerufen haben. Hat er es aber damals vergessen; so rufe er noch einen auf, ich gebe es nach, und er sage es wenn er so etwas hat. Allein hievon werdet ihr ganz das Gegenteil finden, ihr Männer, alle willig mir beizustehn, mit dem Verderber, dem Unheilstifter ihrer Verwandten, wie Melitos und Anytos sagen. Denn die Verführten selbst könnten vielleicht Grund haben mir beizustehen; aber die unverderbten schon reiferen Männer, die ihnen verwandt sind, welchen andern Grund hätten diese, mir beizustehen, als den gerechten und billigen, daß sie wissen Melitos lügt, ich aber rede die Wahrheit.

Wohl, ihr Männer! Was ich zu meiner Verteidigung zu sagen wüßte, das ist etwa dieses, und vielleicht mehr dergleichen. Vielleicht aber wird Mancher unter euch unwillig gegen mich wenn er an sich selbst denkt, wenn er etwa bei Durchfechtung eines vielleicht weit leichteren Kampfes als dieser, die Richter gebeten und gefleht hat unter vielen Tränen, und seine Kinder mit sich heraufgebracht um nur möglichst viel Erbarmen zu erregen, und viele andere von seinen Verwandten und Freunden, ich aber von dem allen nichts tun will, und das, da ich, wie es scheinen kann, in der äußersten Gefahr schwebe. Vielleicht wird Mancher dies bedenkend seine Eitelkeit von mir gekränkt fühlen, und eben hierüber erzürnt im Zorn seine Stimme abgeben. Wenn Jemand unter euch so gesinnt ist, ich glaube es zwar nicht, aber wenn doch: so denke ich meine

Rede wird zu billigen sein, wenn ich ihm sage: Auch ich, o Bester, habe so einige Verwandte. Denn auch ich, wie Homeros sagt, nicht der Eiche entstammte ich oder dem Felsen, sondern Menschen. Daher ich denn Verwandte habe, und auch Söhne, ihr Athener, Dreie, einer schon herangewachsen, zweie noch Kinder. Dennoch aber werde ich keinen hieher bringen um euch zu erbitten, daß ihr günstig abstimmen möget. Warum doch werde ich nichts dergleichen tun? Nicht aus Eigendünkel, ihr Athener, noch daß ich euch geringschätze; sondern ob ich etwa besonders furchtlos bin gegen den Tod oder nicht das ist eine andere Sache, aber in Beziehung auf das was rühmlich ist für mich und euch und für die ganze Stadt, dünkt es mich anständig, daß ich nichts dergleichen tue, zumal in solchem Alter und im Besitz dieses Rufes, sei er nun gegründet oder nicht, angenommen ist doch einmal, daß Sokrates sich in etwas auszeichnet (35) vor andern Menschen. Wenn nun, die unter euch dafür gelten, sich auszuzeichnen durch Weisheit oder Tapferkeit oder welche andere Tugend es sei, sich so betragen wollten, das wäre schändlich, wie ich doch öfters gesehen habe, daß manche die sich etwas dünken, doch wenn sie vor Gericht standen ganz wunderliche Dinge anstellten, meinend was ihnen arges begegnete, wenn sie etwa sterben müßten, gleich als würden sie unsterblich sein, wenn ihr sie nur nicht hinrichtetet. Solche dünkt mich machen der Stadt Schande; so daß wohl mancher Fremde denken mag, diese ausgezeichneten Männer unter den Athenern, denen sie selbst unter sich bei der Wahl der Obrigkeiten und allem was sonst ehrenvoll ist den Vorzug einräumen, betragen sich ja nichts besser als die Weiber. Dergleichen also, ihr Athener, dürfen weder wir tun, die wir dafür gelten auch nur irgend etwas zu sein, noch auch wenn wir es täten dürft ihr es dulden, sondern eben dies zeigen, daß ihr weit eher den verurteilt, der euch solche Trauerspiele vorführt und die Stadt lächerlich macht, als den der sich ruhig verhält. Abgesehen aber von dem rühmlichen dünkt es mich auch nicht einmal recht den Richter zu bitten, und sich durch Bitten loszuhelfen, sondern belehren muß man ihn und überzeugen. Denn nicht dazu ist der Richter gesetzt das Recht zu verschenken, sondern es zu beurteilen; und er hat geschworen, nicht sich gefällig zu erweisen gegen wen es ihm beliebt, sondern Recht zu sprechen nach den Gesetzen. Also dürfen weder wir euch gewöhnen an den Meineid, noch ihr euch gewöhnen lassen, sonst würden wir von keiner Seite fromm handeln. Mutet mir also nicht zu, ihr Athener, dergleichen etwas gegen euch zu tun, was ich weder für anständig halte noch für recht, noch für fromm, zumal ich ja, beim Zeus, eben auch der Gottlosigkeit angeklagt bin von diesem Melitos. Denn offenbar wenn ich euch durch Bitten zu etwas überredete oder nötigte gegen euren Schwur, dann lehrte ich euch, nicht zu glauben daß es Götter gebe, und recht durch die Verteidigung klagte ich mich selbst an, daß ich keine Götter glaubte. Aber weit gefehlt daß es so wäre! wohl glaube ich an sie, ihr Athener, wie keiner von meinen Anklägern, und überlasse euch und dem Gotte über mich zu entscheiden, wie es für mich das Beste sein wird und für euch.

Daß ich nicht unwillig bin, ihr Athener, über dieses Ereignis, daß ihr mich verurteilt habt, dazu trägt noch sonst vieles bei, (36) aber auch nicht unverhofft ist mir das Geschehene geschehen; sondern vielmehr wundere ich mich über die sich ergebende Zahl der beiderseitigen Stimmen. Denn ich glaubte nicht, daß es nur auf so weniges ankommen würde, sondern auf sehr viel. Nun aber, wie man sieht, wenn nur drei Stimmen anders gefallen wären, so wäre ich entkommen. Dem Melitos zwar bin ich auch itzt entkommen, wie mich dünkt; und nicht nur entkommen, sondern es liegt auch jedem vor Augen, daß wenn nicht Anytos und Lykon aufgetreten wären mich anzuklagen, er tausend Drachmen erlegen müßte, weil er den fünften Teil der Stimmen nicht erlangt hätte. Zuerkennen also will mir der Mann den Tod. Wohl! Was soll ich mir nun dagegen zuerkennen, ihr Athener? Doch gewiß was ich verdiene! Wie also? was verdiene ich zu erleiden oder zu erlegen, weshalb auch immer ich in meinem Leben nie Ruhe gehalten, sondern unbekümmert um das was den Mehresten wichtig ist, um das Reichwerden und den Hausstand um Kriegswesen und Volksrednerei und sonst um Ämter um Verschwörungen und Parteien die sich in der Stadt hervorgetan, weil ich mich in der Tat für zu gut hielt, um mich durch Teilnahme an solchen Dingen zu erhalten, mich mit nichts eingelassen, wo ich weder euch noch mir etwas nutz gewesen wäre; vielmehr nur darauf bedacht, wie ich jedem einzeln die meines Dafürhaltens größte Wohltat erweisen könnte, mich dessen allein, wie ich behaupte befleißiget, bemüht jeden von euch zu bewegen, daß er weder für irgend etwas von dem seinigen eher sorge bis er für sich selbst gesorgt habe wie er immer besser und vernünftiger wo möglich werden konnte, noch auch für die Angelegenheiten des Staates eher als für den Staat selbst, und nach derselben Weise auch nur für alles Andere sorgen möchte. Was also verdiene ich dafür zu leiden, daß ich ein solcher bin? Etwas gutes, ihr Athener, wenn ich der Wahrheit gemäß nach Verdienst mir etwas zuerkennen soll, und zwar etwas Gutes von der Art, wie es mir angemessen ist. Was ist also einem unvermögenden Wohltäter angemessen, welcher der freien Muße bedarf um euch zu ermahnen? Es gibt nichts, was so angemessen ist, ihr Athener, als daß ein solcher Mann im Prytaneion gespeiset werde, weit mehr als wenn einer von euch mit dem Rosse oder dem Zwiegespann oder dem Viergespann in den olympischen Spielen gesiegt hat. Denn ein solcher bewirkt nur, daß ihr glücklich scheint, ich aber daß ihr es seid; und jener bedarf der Speisung nicht, ich aber bedarf ihrer. Soll ich mir also was ich mit Recht verdiene zuerkennen: so erkenne ich mir dieses zu, (37) Speisung im Prytaneion. Vielleicht wird euch nun, daß ich dieses sage, eben so bedünken als was ich von dem Flehen und der Mitleidserregung sagte, als hartnäckiger Eigendünkel. Das ist aber nicht so, ihr Athener, sondern so vielmehr. Ich bin überzeugt daß ich nie jemanden vorsätzlich beleidige. Euch freilich überzeuge ich davon nicht, weil wir gar zu kurze Zeit mit einander geredet haben. Denn ich glaube wohl, wenn ihr ein Gesetz hättet, wie man es anderwärts hat, über Leben und Tod nicht an einem Tage zu entscheiden, sondern nach mehreren: so wäret ihr wohl überzeugt worden; nun aber ist es nicht leicht in kurzer Zeit sich von so schweren Verläumdungen zu reinigen. Überzeugt also wie ich bin, daß ich Niemand Unrecht zufüge, werde ich doch wahrlich nicht mir selbst Unrecht tun, und selbst gegen mich reden als ob ich etwas übles verdiente, und mir dergleichen etwas zuerkennen. Was doch befürchtend? doch daß ich das erleiden müßte, was Melitos mir zuerkennt, und wovon ich nicht zu wissen gestehe, ob es ein Gut oder ein Übel ist? Anstatt dessen also sollte ich von denen Dingen eines wählen und mir zuerkennen, von welchen ich gar wohl weiß, daß sie Übel sind? Etwa Gefängnisstrafe? Und wozu sollte ich doch leben im Kerker, unter dem Befehl der jedesmaligen Obrigkeit? Oder Geldstrafe? und gefangen zu sein bis ich sie entrichtet habe? Das wäre aber für mich ganz dasselbe wie das Vorige. Denn ich habe kein Geld, wovon ich sie entrichten könnte. Aber die Verweisung soll ich mir wohl zuerkennen? Die möchtet ihr mir vielleicht wohl zugestehen. Aber von großer Lebenslust müßte ich wohl besessen sein, ihr Athener, wenn ich so unvernünftig wäre, daß ich nicht berechnen könnte, da ihr meine Mitbürger nicht im Stande gewesen seid, meine Lebensweise und meine Reden zu ertragen, sondern sie euch zu beschwerlich und verhaßt geworden sind, so daß ihr euch nun davon loszumachen sucht, ob also wohl Andere sie leichter ertragen werden? Weit gefehlt, ihr Athener! Ein schönes Leben wäre mir das also, in solchem Alter auszuwandern und immer umhergetrieben eine Stadt mit der andern zu vertauschen. Denn das weiß ich wohl, wohin ich auch komme, werden die Jünglinge meinen Reden zuhören, eben wie hier. Und wenn ich diese von mir weise, so werden sie selbst bei den Alten meine Verweisung bewirken; weise ich sie nicht von mir, so werden dasselbe doch ihre Väter und Verwandten um jener willen tun. Vielleicht aber wird einer sagen: Also still und ruhig, Sokrates, wirst du nicht im Stande sein nach deiner Verweisung zu leben? Das nun ist wohl am allerschwersten Manchem von euch begreiflich zu machen. Denn wenn ich sage, das hieße dem Gotte ungehorsam sein, und deshalb wäre es mir unmöglich mich ruhig zu verhalten: so werdet ihr mir nicht glauben als (38) meinte ich etwas anderes als ich sage. Und wenn ich wiederum sage, daß ja eben dies das größte Gut für den Menschen ist, täglich über die Tugend sich zu unterhalten, und über die andern Gegenstände, über welche ihr mich reden und mich selbst und Andere prüfen hört, ein Leben ohne Selbsterforschung aber gar nicht verdient gelebt zu werden, das werdet ihr mir noch weniger glauben wenn ich es sage. Aber gewiß verhält sich dies so, wie ich es vortrage, ihr Männer, nur euch davon zu überzeugen ist nicht leicht. Auch bin ich nicht gewohnt mich selbst etwas übles wert zu achten. Hätte ich nun Geld, so würde ich mir soviel Geldstrafe zuerkennen als ich entrichten könnte: denn davon hätte ich weiter keinen Schaden. Nun aber, ich habe eben keins; wenn ihr nicht etwa soviel als ich zu entrichten vermag mir zuerkennen wollt. Ich vermöchte euch aber vielleicht etwa eine Mine zu entrichten. Die will ich mir also zuerkennen. Platon aber hier und Kriton und Kritobulos und Apollodoros reden mir zu mir Dreißig Minen zuzuerkennen und sie wollten Bürgschaft leisten. Soviel also erkenne ich mir zu, und diese werden euch für dies Geld zuverlässige Bürgen sein.

Nur um einer gar kurzen Zeit willen, ihr Athener, werdet ihr nun den Namen behalten und den Vorwurf von denen, welche die Stadt gern lästern mögen, daß ihr den Sokrates hingerichtet habt, diesen weisen Mann. Denn behaupten werden die nun freilich daß ich weise bin, wenn ich es auch nicht bin, die euch lästern wollen. Hättet ihr nun eine kleine Weile gewartet: so wäre euch ja dies von selbst erfolgt. Denn ihr seht ja mein Alter, daß es schon weit fortgerückt ist im Leben, und nahe am Tode. Ich sage dies aber nicht zu euch allen, sondern nur zu denen, die für meinen Tod gestimmt haben. Und zu eben diesen sage ich auch noch dies. Vielleicht glaubt ihr, Athener, ich unterläge jetzt aus Unvermögen in solchen Reden, durch welche ich euch wohl möchte überredet haben, wenn ich geglaubt hätte alles reden und tun zu dürfen um nur dieser Klage zu entkommen. Weit gefehlt! Sondern aus Unvermögen unterliege ich freilich, aber nicht an Worten; sondern an Frechheit und Schamlosigkeit, und an dem Willen dergleichen zu euch zu reden, als ihr freilich am liebsten gehört hättet, wenn ich gejammert hätte und gewehklagt, und viel Anderes getan und geredet meiner unwürdiges, wie ich behaupte, dergleichen ihr freilich gewohnt seid von den Andern zu hören. Allein weder vorher glaubte ich der Gefahr wegen etwas unedles tun zu dürfen, noch auch gereuet es mich jetzt mich so verteidigt zu haben; sondern weit lieber will ich auf diese Art mich verteidiget haben und sterben als auf jene und leben. Denn weder vor Gericht noch im Kriege ziemt es weder mir noch irgend Jemanden darauf zu sinnen, wie man nur auf jede Art dem (39) Tode entgehen möge. Auch ist ja das bei Gefechten oft sehr offenbar, daß dem Tode einer wohl entfliehen könnte, würfe er nur die Waffen weg und wendete sich flehend an die Verfolgenden; und viele andere Rettungsmittel gibt es in jeglicher Gefahr um dem Tode zu entgehen, wenn einer nicht scheut Alles zu tun und zu reden. Allein, daß nur nicht dies gar nicht schwer ist, ihr Athener, dem Tode zu entgehen, aber weit schwerer der Schlechtigkeit; denn sie läuft schneller als der Tod. Auch itzt daher bin ich als ein langsamer Greis von dem langsameren gefangen worden; meine Ankläger aber, gewaltig und heftig wie sie sind von dem schnelleren der Bosheit. Jetzt also gehe ich hin und bin von euch der Strafe des Todes schuldig erklärt; diese aber sind von der Wahrheit schuldig erklärt der Unwürdigkeit und Ungerechtigkeit. Und sowohl ich beruhige mich bei dem Erkenntnis, als auch diese.

Dieses nun mußte vielleicht so kommen, und ich glaube, daß es ganz gut so ist. Was aber nun hierauf folgen wird, gelüstet mich euch zu weissagen, ihr meine Verurteiler! Denn ich stehe ja auch schon da, wo vorzüglich die Menschen weissagen, wenn sie nämlich im Begriff sind zu sterben. Ich behaupte also, ihr Männer die ihr mich hinrichtet, es wird sogleich nach meinem Tode eine weit schwerere Strafe über euch kommen, als die mit welcher ihr mich getötet habt. Denn itzt habt ihr dies getan in der Meinung nun entlediget zu sein von der Rechenschaft über euer Leben. Es wird aber ganz entgegengesetzt für euch ablaufen, wie ich behaupte. Mehrere werden sein, die euch zur Untersuchung ziehen, welche ich nur bisher zurückgehalten, ihr aber gar nicht bemerkt habt. Und um desto beschwerlicher werden sie euch werden, je jünger sie sind, und ihr um desto unwilliger. Denn wenn ihr meint durch Hinrichtungen dem Einhalt zu tun, daß euch Niemand schelten soll wenn ihr nicht recht lebt, so bedenkt ihr das sehr schlecht. Denn diese Entledigung ist weder recht ausführbar noch ist sie edel. Sondern jene ist die edelste und leichteste, nicht Anderen wehren, sondern sich selbst so einrichten daß man möglichst gut sei. Dieses will ich euch, die ihr gegen mich gestimmt habt geweissagt haben, und nun von euch scheiden.

Mit denen aber welche für mich gestimmt, möchte ich gern noch reden über dies Ereignis welches sich zugetragen, so lange die Gewalthaber noch Abhaltung haben, und ich noch nicht dahin gehen muß, wo ich sterben soll. Also, ihr Männer, so lange haltet mir noch aus. Nichts hindert ja uns vertraulich zu unterhalten mit einander so lange es noch vergönnt ist. Denn (40) euch als meinen Freunden will ich gern das erklären, was mir so eben begegnet ist, was es eigentlich bedeutet. Mir ist nämlich, ihr Richter, denn euch benenne ich recht, wenn ich euch Richter nenne, etwas wunderbares vorgekommen. Meine gewohnte Vorbedeutung nämlich war in der vorigen Zeit wohl gar sehr häufig, und oft in großen Kleinigkeiten widerstand sie mir, wenn ich im Begriff war etwas nicht auf die rechte Art zu tun. Jetzt aber ist mir doch, wie ihr ja selbst seht, dieses begegnet, was wohl mancher für das größte Übel halten könnte, und was auch dafür angesehen wird; dennoch aber hat mir weder als ich des Morgens von Hause ging das Zeichen des Gottes widerstanden, noch auch als ich hier die Gerichtsstätte betrat, noch auch irgendwo in der Rede, wenn ich etwas sagen wollte. Wiewohl bei andern Reden es mich oft mitten im Reden aufhielt. Jetzt aber hat es mir nirgends bei dieser Verhandlung, wenn ich etwas tat, oder sprach nicht im mindesten widerstanden. Was für eine Ursach nun soll ich mir hievon denken? Das will ich euch sagen. Es mag wohl was mir begegnet ist etwas gutes sein, und unmöglich können wir recht haben, die wir annehmen der Tod sei ein Übel. Davon ist mir dies ein großer Beweis. Denn unmöglich würde mir das gewohnte Zeichen nicht widerstanden haben, wenn ich nicht begriffen gewesen wäre etwas gutes auszurichten. Laßt uns aber auch so erwägen, wieviel Ursach wir haben zu hoffen, es sei etwas gutes. Denn eins von beiden ist das Totsein, entweder soviel als nichts sein, noch irgend eine Empfindung von irgend etwas haben wenn man tot ist; oder, wie auch gesagt wird, es ist eine Versetzung und Umzug der Seele von hinnen an einen andern Ort. Und ist es nun gar keine Empfindung, sondern wie ein Schlaf, in welchem der Schlafende auch nicht einmal einen Traum hat, so wäre der Tod ein wunderbarer Gewinn. Denn ich glaube, wenn Jemand einer solchen Nacht, in welcher er so fest geschlafen, daß er nicht einmal einen Traum gehabt, alle übrigen Tage und Nächte seines Lebens gegenüberstellen, und nach reiflicher Überlegung sagen sollte, wieviel er wohl angenehmere und bessere Tage und Nächte als jene Nacht in seinem Leben gelebt hat: so glaube ich würde nicht nur ein gewöhnlicher Mensch, sondern der große König selbst finden, daß diese sehr leicht zu zählen sind gegen die übrigen Tage und Nächte. Wenn also der Tod etwas solches ist, so nenne ich ihn einen Gewinn, denn die ganze Zeit scheint ja auch nicht länger auf diese Art als Eine Nacht. Ist aber der Tod wiederum wie eine Auswanderung von hinnen an einen andern Ort, und ist das wahr was gesagt wird, daß dort alle Verstorbene sind, was für ein größeres Gut könnte es wohl geben als dieses, ihr Richter? (41) Denn wenn einer in der Unterwelt angelangt nun dieser sich so nennenden Richter entlediget dort die wahren Richter antrifft, von denen auch gesagt wird, daß sie dort Recht sprechen, den Minos und Rhadamanthys und Aiakos und Triptolemos, und welche Halbgötter sonst gerecht gewesen sind in ihrem Leben, wäre das wohl eine schlechte Umwanderung? Oder auch mit dem Orpheus umzugehn und Musaios und Hesiodos und Homeros, wie teuer möchtet ihr das wohl erkaufen? Ich wenigstens will gern oftmals sterben, wenn dies wahr ist. Ja mir zumal wäre es ein herrliches Leben, wenn ich dort den Palamedes und Aias des Telamon Sohn anträfe, und wer sonst noch unter den Alten eines ungerechten Gerichtes wegen gestorben ist, mit dessen Geschick das meinige zu vergleichen, das müßte glaube ich gar nicht unerfreulich sein. Ja was das größte ist, die dort eben so ausfragend und ausforschend zu leben, wer unter ihnen weise ist, und wer es zwar glaubt es aber nicht ist. Für wieviel, ihr Richter, möchte das einer wohl annehmen, den welcher das große Heer nach Troja führte auszufragen oder den Odysseus oder Sisyphos, und viele andere könnte einer nennen, Männer und Frauen; mit welchen dort zu sprechen und umzugehn und sie auszuforschen auf alle Weise eine unbeschreibliche Glückseligkeit wäre. Gewiß werden sie einen dort um deswillen doch wohl nicht hinrichten. Denn nicht nur sonst ist man dort glückseliger als hier, sondern auch die übrige Zeit unsterblich, wenn das wahr ist, was gesagt wird. Also müßt auch ihr, Richter, gute Hoffnung haben in Absicht des Todes, und dies Eine richtige im Gemüt halten, daß es für den guten Mann kein Übel gibt weder im Leben noch im Tode, noch daß je von den Göttern seine Angelegenheiten vernachlässigt werden. Auch die meinigen haben itzt nicht von ohngefähr diesen Ausgang genommen: sondern mir ist deutlich, daß sterben und aller Mühen entlediget werden schon das beste für mich war. Daher auch hat weder mich irgendwo das Zeichen gewarnt, noch auch bin ich gegen meine Verurteiler und gegen meine Ankläger irgend aufgebracht. Obgleich nicht in dieser Absicht sie mich verurteilt und angeklagt haben, sondern in der Meinung mir übles zuzufügen. Das verdient an ihnen getadelt zu werden. Soviel jedoch bitte ich von ihnen. An meinen Söhnen wenn sie erwachsen sind nehmt eure Rache, ihr Männer, und quält sie eben so wie ich euch gequält habe, wenn euch dünkt daß sie sich um Reichtum oder um sonst irgend etwas eher bemühen als um die Tugend; und wenn sie sich dünken etwas zu sein, sind aber nichts: so verweiset es ihnen wie ich euch, daß sie nicht sorgen wofür sie sollten, und sich einbilden etwas zu sein, da sie doch nichts wert sind. Und wenn ihr das tut, werde ich Billiges von euch erfahren haben, ich selbst und meine Söhne. Jedoch, es ist Zeit daß wir gehn, ich um zu sterben, und ihr um zu leben. Wer aber von uns beiden zu dem besseren Geschäft hingehe, das ist Allen verborgen außer nur Gott.

Apologie des Sokrates

A. Die Verteidigungsrede

I. Einleitung

1. Begründung und Kriterium der Verteidigungsweise

Was wohl euch, ihr Athener, meine Ankläger angetan haben, weiß ich nicht: ich meinesteils aber hätte ja selbst beinahe über sie meiner selbst vergessen; so überredend haben sie gesprochen. Wiewohl – Wahres, daß ich das Wort heraussage, haben sie gar nichts gesagt. Am meisten aber habe ich eins von ihnen bewundert unter dem Vielen, was sie gelogen, dieses, wo sie sagten, ihr müßtet euch wohl hüten, daß ihr nicht von mir getäuscht würdet, als der ich gar gewaltig wäre im Reden. Denn daß sie sich nicht schämen, sogleich von mir widerlegt zu werden durch die Tat, wenn ich mich nun auch im geringsten nicht gewaltig zeige im Reden, dieses dünkte mich ihr Unverschämtestes zu sein; wofern diese nicht etwa den gewaltig im Reden nennen, der die Wahrheit redet. Denn wenn sie dies meinen, möchte ich mich wohl dazu bekennen, ein Redner zu sein, der sich nicht mit ihnen vergleicht. Diese nämlich, wie ich behaupte, haben gar nichts Wahres geredet; ihr aber sollt von mir die ganze Wahrheit hören. Jedoch, ihr Athener, beim Zeus, keineswegs Reden aus zierlich erlesenen Worten gefällig zusammengeschmückt und aufgeputzt, wie dieser ihre waren, sondern ganz schlicht werdet ihr mich reden hören in ungewählten Worten. Denn ich glaube, was ich sage, ist gerecht, und niemand unter euch erwarte noch sonst etwas! Auch würde es sich ja schlecht ziemen, ihr Männer, in solchem Alter gleich einem Knaben, der Reden ausarbeitet, vor euch hinzutreten. Indes bitte ich euch darum auch noch recht sehr, ihr Athener, und bedinge es mir aus, wenn ihr mich hört mit ähnlichen Reden meine Verteidigung führen, wie ich gewohnt bin, auch auf dem Markt zu reden bei den Wechslertischen, wo die meisten unter euch mich gehört haben, und anderwärts, – daß ihr euch nicht verwundert noch mir Getümmel erregt deshalb! Denn so verhält sich die Sache: Jetzt zum erstenmal trete ich vor Gericht, da ich über siebzig Jahr alt bin: ganz ordentlich also bin ich ein Fremdling in der hier üblichen Art zu reden. So wie ihr nun, wenn ich wirklich ein Fremder wäre, mir es nachsehen würdet, daß ich in jener Mundart und Weise redete, worin ich erzogen worden, ebenso erbitte ich mir auch nun dieses Billige, wie mich dünkt, von euch, daß ihr nämlich die Art zu reden übersehet – vielleicht ist sie schlechter, vielleicht auch wohl gar besser – und nur dies erwägt und Acht darauf habt, ob das recht ist oder nicht, was ich sage. Denn dies ist des Richters Tüchtigkeit, – des Redners aber, die Wahrheit zu reden.

II. Die alten Ankläger

2. Ursprung und Gefährlichkeit der Verleumdung

Zuerst nun, ihr Athener, muß ich mich wohl verteidigen gegen das, dessen ich zuerst fälschlich angeklagt bin, und gegen meine ersten Ankläger, und hernach gegen der späteren Späteres. Denn viele Ankläger habe ich längst bei euch gehabt und schon vor vielen Jahren, und die nichts Wahres sagten, welche ich mehr fürchte als den Anytos, obgleich auch der furchtbar ist. Allein jene sind furchtbarer, ihr Männer, welche viele von euch schon als Kinder an sich gelockt und überredet, mich aber ohne Grund beschuldigt haben, als gäbe es einen Sokrates, einen weisen Mann, der den Dingen am Himmel nachgrüble und auch das Unterirdische alles erforscht habe und Unrecht zu Recht mache. Diese, ihr Athener, welche solche Gerüchte verbreitet haben, sind meine furchtbaren Ankläger. Denn die Hörer meinen gar leicht, wer solche Dinge untersuche, glaube auch nicht einmal Götter. Ferner sind auch dieser Ankläger viele, und viele Zeit hindurch haben sie mich verklagt und in dem Alter zu euch geredet, wo ihr wohl sehr leicht glauben mußtet, weil ihr Kinder wäret, einige von euch wohl auch Knaben, und offenbar an leerer Stätte klagten sie, wo sich keiner verteidigte. Das Übelste aber ist, daß man nicht einmal ihre Namen wissen und angeben kann, außer etwa, wenn ein Komödienschreiber darunter ist. Die übrigen aber, welche euch gehässig und verleumderisch aufgeredet, und auch die selbst nur überredet andre Überredenden, – diesen allen stehe ich ganz ratlos gegenüber: Denn weder hierher zur Stelle bringen noch ausfragen kann ich irgend einen von ihnen: sondern muß ordentlich wie mit Schatten kämpfen in meiner Verteidigung und ausfragen, ohne daß einer antwortet. Nehmet also auch ihr an, wie ich sage, daß ich zweierlei Ankläger gehabt habe: die einen, die mich eben erst verklagt haben, die andern, die von ehedem, die ich meine; und glaubet, daß ich mich gegen diese zuerst verteidigen muß! Denn auch ihr habt jenen, als sie klagten, zuerst Gehör gegeben, und weit mehr als diesen späteren. Wohl! Verteidigen muß ich mich also, ihr Athener, und den Versuch machen, eine angeschuldigte Meinung, die ihr seit langer Zeit hegt, euch in so sehr kurzer Zeit zu benehmen. Ich wünschte nun zwar wohl, daß dieses so erfolgte, wenn es so besser ist für euch sowohl als für mich, und daß ich etwas gewönne durch meine Verteidigung. Ich glaube aber, dieses ist schwer, und keineswegs entgeht mir, wie es damit steht. Doch dieses gehe nun, wie es Gott genehm ist; mir gebührt, dem Gesetz zu gehorchen und mich zu verteidigen.

3.a. Sokrates, der übermenschliche Weise

Rufen wir uns also zurück von Anfang her, was für eine Anschuldigung es doch ist, aus welcher mein übler Ruf entstanden ist, worauf auch Meletos bauend diese Klage gegen mich eingegeben hat. Wohl! Mit was für Reden also verleumdeten mich meine Verleumder? Als wären sie ordentliche Kläger, so muß ich ihre beschworene Klage ablesen: »Sokrates frevelt und treibt Torheit, indem er unterirdische und himmlische Dinge untersucht und Unrecht zu Recht macht und dies auch andere lehrt.« Solcherlei ist sie etwa; denn solcherlei habt ihr selbst gesehen in des Aristophanes Komödie, wo ein Sokrates vorgestellt wird, der sich rühmt, in der Luft zu gehen, und viel andere Albernheiten vorbringt, wovon ich weder viel noch wenig verstehe. Und nicht sage ich dies, um eine solche Wissenschaft zu schmähen, dafern jemand in diesen Dingen weise ist, – möchte ich mich doch nicht solcher Anklagen von Meletos zu erwehren haben! – sondern nur, ihr Athener, weil ich eben an diesen Dingen keinen Teil habe. Und zu Zeugen rufe ich einen großen Teil von euch selbst und fordere euch auf, einander zu berichten und zu erzählen, so viele eurer jemals mich reden gehört haben. Deren aber gibt es viele unter euch. So erzählt euch nun, ob jemals einer unter euch mich viel oder wenig über dergleichen Dinge hat reden gehört! Und hieraus könnt ihr ersehen, daß es ebenso auch mit allem übrigen steht, was die Leute von mir sagen.

3.b. Sokrates, der Menschenerzieher

Aber es ist eben weder hieran etwas, noch auch, wenn ihr etwa von einem gehört habt, ich gäbe mich dafür aus, Menschen zu erziehen, und verdiente Geld damit; auch das ist nicht wahr. Denn auch das scheint mir meinesteils wohl etwas Schönes zu sein, wenn jemand imstande wäre, Menschen zu erziehen, wie Gorgias aus Leontinoi und Prodikos aus Keos und auch Hippias von Elis. Denn diese alle, ihr Männer, verstehen das: in allen Städten umherziehend, überreden sie die Jünglinge, die dort unter ihren Mitbürgern, zu wem sie wollten, sich unentgeltlich halten könnten, mit Hintansetzung jenes Umganges sich Geld bezahlend zu ihnen zu halten und ihnen noch Dank dazu zu wissen. Ja, es gibt auch hier noch einen andern Mann, einen Parier, von dessen Aufenthalt ich erfuhr. Ich traf nämlich auf einen Mann, der den Sophisten mehr Geld gezahlt hat als alle übrigen zusammen, Kallias, den Sohn des Hipponikos. Diesen fragte ich also, denn er hat zwei Söhne: »Wenn deine Söhne, Kallias,« sprach ich, »Füllen oder Kälber wären, wüßten wir wohl einen Aufseher für sie zu finden oder zu dingen, der sie gut und tüchtig machen würde in der ihnen angemessenen Tugend: es würde nämlich ein Bereiter sein oder ein Landmann; nun sie aber Menschen sind, was für einen Aufseher bist du gesonnen ihnen zu geben? Wer ist wohl in dieser menschlichen und bürgerlichen Tugend ein Sachverständiger? Denn ich glaube doch, du hast darüber nachgedacht, da du Söhne hast. Gibt es einen,« sprach ich, »oder nicht?« – »O freilich,« sagte er. – »Wer doch,« sprach ich, »und von wannen? Und um welchen Preis lehrt er?« – »Euenos der Parier,« antwortete er, »für fünf Minen«. Da pries ich den Euenos glücklich, wenn er wirklich diese Kunst besäße und so vortrefflich lehrte. Ich also würde gewiß mich recht damit rühmen und großtun, wenn ich dies verstände; aber ich verstehe es eben nicht, ihr Athener.

Vielleicht nun möchte jemand von euch einwenden: »Aber, Sokrates, was ist denn also dein Geschäft? Woher sind diese Verleumdungen dir entstanden? Denn gewiß, wenn du nichts Besonderes betriebest vor andern, es würde nicht solcher Ruf und Gerede entstanden sein, wenn du nicht ganz etwas anderes tätest als andere Leute. So sage uns doch, was es ist, damit wir uns nicht aufs Geratewohl unsere eignen Gedanken machen über dich!« Dies dünkt mich mit Recht zu sagen, wer es sagt, und ich will versuchen, euch zu zeigen, was dasjenige ist, was mir den Namen und den üblen Ruf gemacht hat. Höret also, und vielleicht wird manchen von euch bedünken, ich scherzte: glaubet indes sicher, daß ich die reine Wahrheit rede! Ich habe nämlich, ihr Athener, durch nichts anderes als durch eine gewisse Weisheit diesen Namen erlangt. Durch was für eine Weisheit aber? Die eben vielleicht die menschliche Weisheit ist. Denn ich mag in der Tat wohl in dieser weise sein; jene aber, deren ich eben erwähnt, sind vielleicht weise in einer Weisheit, die nicht dem Menschen angemessen ist; oder ich weiß nicht, was ich sagen soll, denn ich verstehe sie nicht, sondern wer das sagt, der lügt es und sagt es mir zur Verleumdung. Und ich bitte euch, ihr Athener, erregt mir kein Getümmel, selbst wenn ich euch etwas vorlaut zu reden dünken sollte! Denn nicht meine Rede ist es, die ich vorbringe; sondern auf einen ganz glaubwürdigen Urheber will ich sie euch zurückführen. Über meine Weisheit nämlich, ob sie wohl eine ist und was für eine, will ich euch zum Zeugen stellen den Gott in Delphoi. Den Chairephon kennt ihr doch. Dieser war mein Freund von Jugend auf, und auch euer, des Volkes, Freund war er und ist bei dieser letzten Flucht mit geflohen und mit euch auch zurückgekehrt. Und ihr wißt doch, wie Chairephon war, wie heftig in allem, was er auch beginnen mochte. So auch, als er einst nach Delphoi gegangen war, erkühnte er sich, hierüber ein Orakel zu begehren; nur, wie ich sage, kein Getümmel, ihr Männer! Er fragte also, ob wohl jemand weiser wäre als ich. Da leugnete nun die Pythia, daß jemand weiser wäre. Und hierüber kann euch dieser sein Bruder hier Zeugnis ablegen, da jener bereits verstorben ist.

4.b. Prüfung des Orakels an den Staatsmännern

Bedenkt nun, weshalb ich dieses sage: Ich will euch nämlich erklären, woher doch die Verleumdung gegen mich entstanden ist. Denn nachdem ich dieses gehört, gedachte ich bei mir also: Was meint doch wohl der Gott? Und was will er etwa andeuten? Denn das bin ich mir doch bewußt, daß ich weder viel noch wenig weise bin. Was meint er also mit der Behauptung, ich sei der Weiseste? Denn lügen wird er doch wohl nicht; das ist ihm ja nicht verstattet. Und lange Zeit konnte ich nicht begreifen, was er meinte; endlich wendete ich mich gar ungern zur Untersuchung der Sache auf folgende Art: Ich ging zu einem von den für weise Gehaltenen, um dort, wenn irgendwo, das Orakel zu überführen und dem Spruch zu zeigen: »Dieser ist doch wohl weiser als ich, du aber hast auf mich ausgesagt.« Indem ich nun diesen beschaute – denn ihn mit Namen zu nennen ist nicht nötig; es war aber einer von den Staatsmännern, auf welchen schauend es mir folgendergestalt erging, ihr Athener: Im Gespräch mit ihm schien mit dieser Mann zwar vielen andern Menschen auch, am meisten aber sich selbst sehr weise vorzukommen, es zu sein aber gar nicht. Darauf nun versuchte ich ihm zu zeigen, er glaubte zwar weise zu sein, wäre es aber nicht; wodurch ich dann ihm selbst verhaßt ward und vielen der Anwesenden. Indem ich also fortging, gedachte ich bei mir selbst: weiser als dieser Mann bin ich nun freilich. Denn es mag wohl eben keiner von uns beiden etwas Tüchtiges oder Sonderliches wissen; allein dieser doch meint zu wissen, da er nicht weiß, ich aber, wie ich eben nicht weiß, so meine ich es auch nicht. Ich scheine also um dieses wenige doch weiser zu sein als er, daß ich, was ich nicht weiß, auch nicht glaube zu wissen. Hierauf ging ich dann zu einem andern von den für noch weiser als jener Geltenden, und es dünkte mich eben dasselbe, und ich wurde dadurch ihm selbst sowohl als vielen andern verhaßt.

Nach diesem nun ging ich schon nach der Reihe, bemerkend freilich und bedauernd und auch in Furcht darüber, daß ich mich verhaßt machte; doch aber dünkte es mich notwendig, des Gottes Sache über alles andere zu setzen; und so mußte ich denn gehen, immer dem Orakel nachdenkend, was es wohl meine, zu allen, welche dafür galten, etwas zu wissen. Und beim Hunde, ihr Athener, denn ich muß die Wahrheit zu euch reden, wahrlich, es erging mir so: Die Berühmtesten dünkten mich beinahe die Armseligsten zu sein, wenn ich es dem Gott zufolge untersuchte, andere minder Geachtete aber noch eher für vernünftig gelten zu können. Ich muß euch wohl mein ganzes Abenteuer berichten, mit was für Arbeiten gleichsam ich mich gequält habe, damit das Orakel mit ja ungetadelt bliebe. Nach den Staatsmännern nämlich ging ich zu den Dichtern, den tragischen sowohl als den dithyrambischen und den übrigen, um dort mich selbst auf der Tat zu ergreifen als unwissender denn sie. Von ihren Gedichten also diejenigen vornehmend, welche sie mir am vorzüglichsten schienen ausgearbeitet zu haben, fragte ich sie aus, was sie wohl damit meinten, auf daß ich auch zugleich etwas lernte von ihnen. Schämen muß ich mich nun freilich, ihr Männer, euch die Wahrheit zu sagen: dennoch soll sie gesagt werden. Um es nämlich geradeheraus zu sagen, fast sprachen alle Anwesenden besser als sie selbst über das, was sie gedichtet hatten. Ich erfuhr also auch von den Dichtern in kurzem dieses, daß sie nicht durch Weisheit dichteten, was sie dichten, sondern durch eine Naturgabe und in der Begeisterung, eben wie die Wahrsager und Orakelsänger. Denn auch diese sagen viel Schönes, wissen aber nichts von dem, was sie sagen; ebenso nun schien es mir auch den Dichtern zu ergehen. Und zugleich merkte ich, daß sie glaubten, um ihrer Dichtung willen auch in allem übrigen sehr weise Männer zu sein, worin sie es nicht waren. Fort ging ich also auch von ihnen mit dem Glauben, sie um das nämliche zu übertreffen wie auch die Staatsmänner.

4.d. Prüfung des Orakels an den Handwerkern

Zum Schluß nun ging ich auch zu den Handarbeitern. Denn von mir selbst wußte ich, daß ich gar nichts weiß, um es geradeheraus zu sagen; von diesen aber wußte ich doch, daß ich sie vielerlei Schönes wissend finden würde. Und darin betrog ich mich nun auch nicht; sondern sie wußten wirklich, was ich nicht wußte, und waren insofern weiser. Aber, ihr Athener, denselben Fehler wie die Dichter, dünkte mich, hatten auch diese trefflichen Meister: Weil er seine Kunst gründlich erlernt hatte, wollte jeder auch in den andern wichtigsten Dingen sehr weise sein; und diese ihre Torheit verdeckte jene ihre Weisheit. So daß ich mich selbst auch befragte im Namen des Orakels, welches ich wohl lieber möchte: so sein, wie ich war, gar nichts verstehend von ihrer Weisheit, aber auch nicht behaftet mit ihrem Unverstande, – oder aber in beiden Stücken so sein wie sie. Da antwortete ich denn mir selbst und dem Orakel, es wäre mir besser, so zu sein, wie ich war.

4.e. Folge der Prüfung: Anschein der Weisheit und Anschein der Jugendverführung

Aus dieser Nachforschung also, ihr Athener, sind mir viele Feindschaften entstanden, und zwar die beschwerlichsten und lästigsten, so daß viel Verleumdung daraus entstand und auch der Name, daß es hieß, ich wäre ein Weiser. Es glauben nämlich jedesmal die Anwesenden, ich verstände mich selbst darauf, worin ich einen andern zuschanden mache. Es scheint aber, ihr Athener, in der Tat der Gott weise zu sein und mit diesem Orakel dies zu sagen, daß die menschliche Weisheit sehr weniges nur wert ist oder gar nichts, und offenbar nicht dies vom Sokrates zu sagen, sondern nur, mich zum Beispiel erwählend, sich meines Namens zu bedienen, wie wenn er sagte: »Unter euch, ihr Menschen, ist der der Weiseste, der wie Sokrates einsieht, daß er in der Tat nichts wert ist, was die Weisheit anbelangt«. Dieses nun, nach des Gottes Anweisung zu untersuchen und zu erforschen, gehe ich auch jetzt noch umher, wo ich nur einen für weise halte von Bürgern und Fremden; und wenn er es mir nicht zu sein scheint, so helfe ich dem Gotte und zeige ihm, daß er nicht weise ist. Und über diesem Geschäft habe ich nicht Muße gehabt, weder in den Angelegenheiten der Stadt etwas der Rede Wertes zu leisten, noch auch in meinen häuslichen; sondern in tausendfältiger Armut lebe ich wegen dieses dem Gotte geleisteten Dienstes. Überdies aber folgen mir die Jünglinge, welche die meiste Muße haben, der reichsten Bürger Söhne also, freiwillig und freuen sich zu hören, wie die Menschen untersucht werden; oft auch tun sie es mir nach und versuchen selbst, andere zu untersuchen, und finden dann, glaube ich, eine große Menge solcher Menschen, welche zwar glauben, etwas zu wissen, wirklich aber wenig wissen oder nichts. Deshalb nun zürnen die von ihnen Untersuchten mir und nicht ihnen und sagen: »Sokrates ist doch ein ganz ruchloser Mensch und verdirbt die Jünglinge«. Und wenn sie jemand fragt: »Was doch treibt er und was lehrt er sie?« – so haben sie freilich nichts zu sagen, weil sie nichts wissen; um aber nicht verlegen zu erscheinen, sagen sie dies, was gegen alle Freunde der Wissenschaft bei der Hand ist: die Dinge am Himmel und unter der Erde, und keine Götter glauben, und Unrecht zu Recht machen. Denn die Wahrheit, denke ich, möchten sie nicht sagen wollen, daß sie nämlich offenbar werden als solche, die zwar vorgeben, etwas zu wissen, in Wirklichkeit aber nichts wissen. Weil sie nun, denke ich, ehrgeizig sind und heftig und ihrer viele, welche einverstanden miteinander und sehr scheinbar von mir reden, so haben sie schon lange und gewaltig mit Verleumdungen euch die Ohren angefüllt. Aus diesen sind Meletos gegen mich aufgestanden und Anytos und Lykon; Meletos mir der Dichter wegen aufsässig, Anytos wegen der Handarbeiter und Staatsmänner, Lykon aber wegen der Redner. So daß, wie ich auch gleich anfangs sagte, ich mich wundern müßte, wenn ich imstande wäre, in so kurzer Zeit diese so sehr oft wiederholte Verleumdung euch auszureden. Dieses, ihr Athener, ist euch die Wahrheit: ohne weder Kleines noch Großes verhehlt oder entrückt zu haben, sage ich sie euch, – wiewohl ich fast weiß, daß ich eben deshalb verhaßt bin. Was eben ein Beweis ist, daß ich die Wahrheit rede, und daß dieses mein übler Ruf ist und dies die Ursachen davon sind. Und wenn ihr, sei es nun jetzt oder in der Folge, die Sache untersucht, werdet ihr es so finden.

III. Die Anklage des Meletos

5. Der Inhalt der Klage des Meletos

Gegen das nun, was meine ersten Ankläger geklagt haben, sei diese Verteidigung hinlänglich vor euch. Gegen Meletos aber, den guten und vaterlandsliebenden, wie er ja sagt, und gegen die späteren will ich hiernächst versuchen, mich zu verteidigen. Wiederum also laßt uns, wie sie denn andere Ankläger sind, nun auch ihre beschworene Klage vornehmen. Sie lautet aber etwa so: Sokrates, sagte er, frevle, indem er die Jugend verderbe und die Götter, welche der Staat annimmt, nicht annehme, sondern Anderes, Neues, Daimonisches. Das ist die Beschuldigung, und von dieser Beschuldigung wollen wir nun jedes einzelne untersuchen. Er sagt also, ich frevle durch Verderb der Jugend. Ich aber, ihr Athener, sage, Meletos frevelt, indem er mit ernsthaften Dingen Scherz treibt und leichtsinnig Menschen aufs Leben anklagt und sich eifrig und besorgt anstellt für Gegenstände, um die doch dieser Mann sich nie im geringsten bekümmert hat. Daß sich aber dies so verhalte, will ich versuchen, auch euch zu zeigen.

6.a. Erweis der Inkompetenz des Meletos

Her also zu mir, Meletos, und sprich! Nicht wahr, dir ist das sehr wichtig, daß die Jugend aufs beste gedeihe? – Mir freilich. – So komm also und sage diesen, wer sie denn besser macht? Denn offenbar weißt du es doch, da es dir so angelegen ist. Denn den Verderber hast du wohl aufgefunden, mich, wie du behauptest, und vor diese hergeführt und verklagt: so komm denn und nenne ihnen auch den Besserer und zeige an, wer es ist! Siehst du, o Meletos, wie du schweigst und nichts zu sagen weißt? Dünkt dich denn das nicht schändlich zu sein und Beweis genug für das, was ich sage, daß du dich hierum nie bekümmert hast? So sage doch, du Guter, wer macht sie besser? – Die Gesetze. – Aber danach frage ich nicht, Bester, sondern welcher Mensch, der freilich diese zuvor auch kennt, die Gesetze. – Diese hier, o Sokrates, die Richter. – Was sagst du, o Meletos? Diese hier sind imstande, die Jugend zu bilden und besser zu machen? – Ganz gewiß. – Etwa alle? Oder einige nur von ihnen, andere aber nicht? – Alle. – Herrlich, bei der Hera gesprochen, und ein großer Reichtum von solchen, die uns im Guten fördern! Wie aber, machen auch diese Zuhörer sie besser oder nichts? Auch diese. – Und wie die Ratsherren? – Auch die Ratsherren. – Aber, o Meletos, verderben nicht etwa die in der Volksgemeinde, die Mitglieder der Volksgemeinde, die Jugend? Oder machen auch diese alle sie besser? – Auch diese. – Alle Athener also machen sie, wie es scheint, gut und edel, mich ausgenommen; ich aber allein verderbe sie. Meinst du es so? – Allerdings, gar sehr meine ich es so. – In eine große Unseligkeit verdammst du mich also! Antworte mir aber: Dünkt es dich mit den Pferden auch so zu stehen, daß alle Menschen sie bessern und nur einer sie verdirbt? Oder ist nicht ganz im Gegenteil nur einer geschickt, sie zu bessern, oder wenige, die Bereiter, – die meisten aber, wenn sie mit Pferden umgehen und sie gebrauchen, verderben sie? Verhält es sich nicht so, Meletos, bei Pferden und allen andern Tieren? Allerdings so, du und Anytos mögen es nun leugnen oder zugeben. Gar glückselig stände es freilich um die Jugend, wenn einer allein sie verdürbe, die andern aber alle sie zum Guten förderten. Aber, Meletos, du zeigst eben hinlänglich, daß du niemals an die Jugend gedacht hast, und offenbarst deutlich deine Gleichgültigkeit, daß du dich nie um das bekümmert hast, weshalb du mich hierher forderst.

6.b. Erweis der Inkonsequenz des Meletos

Weiter, sage uns doch beim Zeus, Meletos, ob es besser ist, unter guten Bürgern wohnen oder unter schlechten? Lieber Freund, antworte doch! Ich frage dich ja nichts Schweres. Tun die Schlechten nicht allemal denen etwas Übles, die ihnen jedesmal am nächsten sind, die Guten aber etwas Gutes? – Allerdings. – Ist also wohl jemand, der von denen, mit welchen er umgeht, lieber will geschädigt sein als gefördert? Antworte mir, du Guter! Denn das Gesetz befiehlt dir zu antworten. Will wohl jemand geschädigt werden? – Wohl nicht. – Wohlan denn, forderst du mich hierher als Verderber und Verschlimmerer der Jugend, so daß ich es vorsätzlich sein soll oder unvorsätzlich ? – Vorsätzlich, meine ich. – Wie doch, o Meletos, so viel bist du weiser in deinem Alter als ich in dem meinigen, daß du zwar einsiehst, wie die Schlechten allemal denen Übles zufügen, die ihnen am nächsten sind, die Guten aber Gutes, ich aber es so weit gebracht habe im Unverstande, daß ich auch das nicht einmal weiß, wie ich, wenn ich einen von meinen Nächsten schlecht mache, selbst Gefahr laufe. Übles von ihm zu erdulden, so daß ich mir dieses große Übel vorsätzlich anrichte, wie du sagst? Das glaube ich dir nicht, Meletos, ich meine aber auch, kein anderer Mensch glaubt es dir; sondern entweder ich verderbe sie gar nicht, oder ich verderbe sie unvorsätzlich, so daß du doch in beiden Fällen lügst. Verderbe ich sie aber unvorsätzlich, so ist es nicht gesetzlich, jemand unvorsätzlicher Vergehungen wegen hierher zu fordern, sondern ihn für sich allein zu nehmen und so zu belehren und zu ermahnen. Denn offenbar ist, daß, wenn ich belehrt bin, ich aufhören werde mit dem, was ich unvorsätzlich tue. Dich aber mit mir einzulassen und mich zu belehren, das hast du vermieden und nicht gewollt: sondern hierher forderst du mich, wohin gesetzlich ist, nur die zu fordern, welche der Züchtigung bedürfen und nicht der Belehrung.

6.c. Die These der Gottlosigkeit des Sokrates

Doch, ihr Athener, das ist wohl schon offenbar, was ich sagte, daß sich Meletos um diese Sache nie weder viel noch wenig bekümmert hat! Indes aber sage uns, Meletos, auf welche Art du denn behauptest, daß ich die Jugend verderbe? Oder offenbar nach deiner Klage, die du eingegeben, indem ich lehre, die Götter nicht zu glauben, welche der Staat glaubt, sondern allerlei Neues, Daimonisches. Ist das nicht deine Meinung, daß ich sie durch solche Lehre verderbe? – Freilich, gar sehr ist das meine Meinung. – Nun dann, bei eben diesen Göttern, o Meletos, von denen jetzt die Rede ist, sprich noch deutlicher mit mir und mit diesen Männern hier! Denn ich kann nicht verstehen, ob du meinst, ich lehre zu glauben, daß es gewisse Götter gäbe, so daß ich also doch selbst Götter glaube – und nicht ganz und gar gottlos bin noch also hierdurch frevle, – nur jedoch die nicht, die der Staat glaubt, und ob du mich deshalb verklagst, daß ich andere glaube: oder ob du meinst, ich selbst glaube überall gar keine Götter und lehre dies auch andere? – Dieses meine ich, daß du überall gar keine Götter glaubst. – O wunderlicher Meletos! Wie kommst du doch darauf, dies zu meinen? Halte ich also auch weder Sonne noch Mond für Götter, wie die übrigen Menschen? – Nein, beim Zeus, ihr Richter! Denn die Sonne, behauptet er, sei ein Stein, und der Mond sei Erde. – Du glaubst wohl, den Anaxagoras anzuklagen, lieber Meletos? Und denkst so geringe von diesen und hältst sie für so unerfahren in Schriften, daß sie nicht wüßten, wie des Anaxagoras aus Klazomenai Schriften voll sind von dergleichen Sätzen? Und also auch die jungen Leute lernen wohl das von mir, was sie sich manchmal für höchstens eine Drachme in der Orchestra kaufen, um dann den Sokrates auslachen zu können, wenn er für sein ausgibt, was überdies noch so sehr ungereimt ist? Also, beim Zeus, so ganz dünke ich dich, gar keinen Gott zu glauben? – Nein, eben beim Zeus, auch nicht im mindesten. – Du glaubst wenig genug, o Meletos, jedoch, wie mich dünkt, auch dir selbst. Denn mich dünkt dieser Mann, ihr Athener, ungemein übermütig und ausgelassen, und ordentlich aus Übermut und Ausgelassenheit diese Klage wie einen Jugendstreich angestellt zu haben. Denn es sieht aus, als habe er ein Rätsel ausgesonnen und wollte nun versuchen: »Ob wohl der weise Sokrates merken wird, wie ich Scherz treibe und mir selbst widerspreche in meinen Reden, oder ob ich ihn und die andern, welche zuhören, hintergehen werde?« Denn dieser scheint mir ganz offenbar sich selbst zu widersprechen in seiner Anklage, als ob er sagte: »Sokrates frevelt, indem er keine Götter glaubt, sondern Götter glaubt«, wiewohl einer das doch nur im Scherz sagen kann!

6.d. Ungereimtheit des Vorwurfs der Gottlosigkeit

Erwägt aber mit mir, ihr Männer, warum ich finde, daß er dies sagt! Du aber antworte uns, o Meletos! Ihr aber, was ich euch von Anfang an gebeten habe, denkt wohl daran, mir kein Getümmel zu erregen, wenn ich auf meine gewohnte Weise die Sache führe! Gibt es wohl einen Menschen, o Meletos, welcher, daß es menschliche Dinge gebe, zwar glaubt, Menschen aber nicht glaubt? Er soll antworten, ihr Männer, und nicht anderes und anderes Getümmel treiben! Gibt es einen, der zwar keine Pferde glaubt, aber doch Dinge von Pferden? Oder zwar keine Flötenspieler glaubt, aber doch Dinge von Flötenspielern? Nein, es gibt keinen, bester Mann; wenn du doch nicht antworten willst, will ich es dir und den übrigen hier sagen. Aber das nächste beantworte: Gibt es einen, welcher zwar, daß es daimonische Dinge gebe, glaubt, Daimonen aber nicht glaubt? – Es gibt keinen. – Wie bin ich dir verbunden, daß du endlich, von diesen gezwungen, geantwortet hast! Daimonisches nun behauptest du, daß ich glaube und lehre, sei es nun neues oder altes, also Daimonisches glaube ich doch immer nach deiner Rede? Und das hast du ja selbst beschworen in der Anklageschrift. Wenn ich aber Daimonisches glaube, so muß ich doch ganz notwendig auch Daimonen glauben. Ist es nicht so? Wohl ist es so! Denn ich nehme an, daß du einstimmst, da du ja nicht antwortest. Und die Daimonen, halten wir die nicht für Götter entweder, oder doch für Söhne von Göttern? Sagst du ja oder nein? – Ja, freilich. – Wenn ich also Daimonen glaube, wie du sagst, und die Daimonen sind selbst Götter, das wäre ja ganz das, was ich sage, daß du Rätsel vorbringst und scherzest, wenn du mich, der ich keine Götter glauben soll, hernach doch wieder Götter glauben läßt, da ich ja Daimonen glaube. Wenn aber wiederum die Daimonen Kinder der Götter sind, unechte von Nymphen oder andern, denen sie ja auch zugeschrieben werden: welcher Mensch könnte dann wohl glauben, daß es Kinder der Götter gäbe, Götter aber nicht? Ebenso ungereimt wäre das ja, als wenn jemand glauben wollte, Kinder gebe es wohl von Pferden und Eseln, Maulesel nämlich, daß es aber Esel und Pferde gäbe, wollte er nicht glauben. Also, Meletos, es kann nicht anders sein, als daß du entweder, um uns zu versuchen, diese Klage angestellt hast, oder in gänzlicher Verlegenheit, was für ein wahres Verbrechen du nur wohl vorwerfen könntest. Wie du aber irgend einen Menschen, der auch nur ganz wenig Verstand hat, überreden willst, daß ein und derselbe Mensch Daimonisches und Göttliches glaubt, und wiederum derselbe doch auch weder Daimonen, noch Götter, noch Heroen glaubt, – das ist doch auf keine Weise zu ersinnen.

IV. Die Lebensführung des Sokrates

7. Die Lebensführung des Sokrates. Rechtfertigung ihrer Art und Gefährlichkeit

Jedoch, ihr Athener, daß ich nicht strafbar bin in Beziehung auf die Anklage des Meletos, darüber scheint mir keine große Verteidigung nötig zu sein, sondern schon dieses ist genug. Was ich aber bereits im vorigen sagte, daß ich bei vielen gar viel verhaßt bin, – wißt nur, das ist wahr! Und das ist es auch, dem ich unterliegen werde, wenn ich unterliege, nicht dem Meletos, nicht dem Anytos, sondern dem üblen Ruf und dem Haß der Menge, dem auch schon viele andere treffliche Männer unterliegen mußten und, glaube ich, noch ferner unterliegen werden, und es ist wohl nicht zu besorgen, daß er bei mir sollte stehenbleiben. Vielleicht aber möchte einer sagen: »Aber schämst du dich denn nicht, Sokrates, daß du dich mit solchen Dingen befaßt hast, die dich nun in Gefahr bringen zu sterben?« Ich nun würde diesem die gerechte Rede entgegnen: Nicht gut sprichst du, lieber Mensch, wenn du glaubst, Gefahr um Leben und Tod müsse in Anschlag bringen, wer auch nur ein weniges nutz ist, und müsse nicht vielmehr allein darauf sehen, wenn er etwas tut, ob es recht getan ist oder unrecht, ob eines rechtschaffenen Mannes Tat oder eines schlechten. Denn Elende wären ja nach deiner Rede die Halbgötter gewesen, welche vor Troia geendet haben, und vorzüglich vor andern der Sohn der Thetis, welcher, ehe er etwas Schändliches ertragen wollte, die Gefahr so sehr verachtete, daß – obgleich seine Mutter, die Göttin, als er sich aufmachte, den Hektor zu töten, ihm so ungefähr, wie ich glaube, zuredete: »Wenn du, Sohn, den Tod deines Freundes Patroklos rächest und den Hektor tötest, so mußt du selbst sterben;« – denn, sagt sie, alsbald nach Hektor ist dir dein Ende geordnete, er dennoch, dieses hörend, den Tod und die Gefahr gering achtete und weit mehr das fürchtend, als ein schlechter Mann zu leben und die Freunde nicht zu rächen, ihr antwortete: »Möcht' ich sogleich hinsterben, nachdem ich den Beleidiger gestraft, und nicht verlacht hier sitzen an den Schiffen, umsonst die Erde belastend!« Meinst du etwa, der habe sich um Tod und Gefahr bekümmert? Denn so, ihr Athener, verhält es sich in der Tat: Wohin jemand sich selbst stellt, in der Meinung, es sei da am besten, oder wohin einer von seinen Obern gestellt wird, da muß er, wie mich dünkt, jede Gefahr aushaken und weder den Tod noch sonst irgend etwas in Anschlag bringen gegen die Schande.

8. Ihre Notwendigkeit

Ich also hätte Arges getan, ihr Athener, wenn ich – als die Befehlshaber mir einen Platz anwiesen, die ihr gewählt hattet, um über mich zu befehlen bei Potidaia, bei Amphipolis und Delion – damals also, wo jene mich hinstellten, gestanden hätte wie irgend ein anderer und es auf den Tod gewagt; wo aber der Gott mich hinstellte, wie ich es doch glaubte und annahm, damit ich in Aufsuchung der Weisheit mein Leben hinbrächte und in Prüfung meiner selbst und anderer, wenn ich da, den Tod oder irgend etwas fürchtend, aus der Ordnung gewichen wäre! Arg wäre das, und dann in Wahrheit könnte mich einer mit Recht hierher führen vor Gericht, weil ich nicht an die Götter glaubte, wenn ich dem Orakel unfolgsam wäre und den Tod fürchtete und mich weise dünkte, ohne es zu sein. Denn den Tod fürchten, ihr Männer, das ist nichts anderes, als sich dünken, man wäre weise, und es doch nicht sein. Denn es ist ein Dünkel, etwas zu wissen, was man nicht weiß. Denn niemand weiß, was der Tod ist, nicht einmal, ob er nicht für den Menschen das größte ist unter allen Gütern. Sie fürchten ihn aber, als wüßten sie gewiß, daß er das größte Übel ist. Und wie wäre dies nicht eben derselbe verrufene Unverstand, die Einbildung, etwas zu wissen, was man nicht weiß! Ich nun, ihr Athener, übertreffe vielleicht um dasselbe auch hierin die meisten Menschen. Und wollte ich behaupten, daß ich um irgend etwas weiser wäre, so wäre es um dieses, daß, da ich nichts ordentlich weiß von den Dingen in der Unterwelt, ich es auch nicht glaube zu wissen; gesetzwidrig handeln aber und dem Besseren, Gott oder Mensch, ungehorsam sein, – davon weiß ich, daß es übel und schändlich ist. Im Vergleich also mit den Übeln, die ich als Übel kenne, werde ich niemals das, wovon ich nicht weiß, ob es nicht ein Gut ist, fürchten oder fliehen. So daß, wenn ihr mich jetzt lossprecht, ohne dem Anytos zu folgen, welcher sagt, entweder sollte ich gar nicht hierher gekommen sein, oder, nachdem ich einmal hier wäre, sei es ganz unmöglich, mich nicht hinzurichten, indem er euch vorstellt, wenn ich nun durchkäme, dann erst würden eure Söhne sich dessen recht befleißigen, was Sokrates lehrt, und alle ganz und gar verderbt werden; wenn ihr mir hierauf sagtet: »Jetzt, Sokrates, wollen wir zwar dem Anytos nicht folgen, sondern wir lassen dich los unter der Bedingung jedoch, daß du diese Nachforschung nicht mehr betreibst und nicht mehr nach Weisheit suchst; wirst du aber noch einmal betroffen, daß du dies tust, so mußt du sterben« – wenn ihr mich also wie gesagt auf diese Bedingung losgeben wolltet, so würde ich zu euch sprechen: Ich bin euch, ihr Athener, zwar zugetan und Freund, gehorchen aber werde ich dem Gotte mehr als euch, und solange ich noch atme und es vermag, werde ich nicht aufhören, nach Weisheit zu suchen und euch zu ermahnen und zurechtzuweisen, wen von euch ich antreffe, mit meinen gewohnten Reden; »Wie, bester Mann, als ein Athener aus der größten und für Weisheit und Macht berühmtesten Stadt, schämst du dich nicht, für Geld zwar zu sorgen, wie du dessen aufs meiste erlangest, und für Ruhm und Ehre; – für Einsicht aber und Wahrheit und für deine Seele, daß sie sich aufs beste befinde, sorgst du nicht, und hierauf willst du nicht denken?« Und wenn jemand unter euch dies leugnet und behauptet, er denke wohl darauf, werde ich ihn nicht gleich loslassen und fortgehen, sondern ihn fragen und prüfen und ausforschen. Und wenn mich dünkt, er besitze keine Tugend, behaupte es aber, so werde ich es ihm verweisen, daß er das Wichtigste geringer achtet und das Schlechtere höher. So werde ich mit Jungen und Alten, wie ich sie eben treffe, verfahren und mit Fremden und Bürgern, um so viel mehr aber mit euch Bürgern, als ihr mir näher verwandt seid. Denn so, wißt nur, befiehlt es der Gott. Und ich meinesteils glaube, daß noch nie größeres Gut dem Staate widerfahren ist als dieser Dienst, den ich dem Gott leiste. Denn nichts anderes tue ich, als daß ich umhergehe, um Jung und Alt unter euch zu überreden, ja nicht für den Leib und für das Vermögen zuvor noch überall so sehr zu sorgen als für die Seele, daß diese aufs beste gedeihe, zeigend, wie nicht aus dem Reichtum die Tugend entsteht, sondern aus der Tugend der Reichtum und alle andern menschlichen Güter insgesamt, eigentümliche und gemeinschaftliche. Wenn ich nun durch solche Reden die Jugend verderbe, so müßten sie ja schädlich sein; wenn aber jemand sagt, ich rede etwas anderes als dies, der sagt nichts. Demgemäß nun, würde

ich sagen, ihr athenischen Männer, – gehorcht nun dem Anytos oder nicht, sprecht mich los
oder nicht, – daß ich auf keinen Fall anders handeln werde, und müßte ich noch so oft sterben!

9. Ihr Nutzen für die Athener

Kein Getümmel, ihr Athener, sondern harret mir aus bei dem, was ich euch gebeten: mir nicht zu toben über das, was ich sage, sondern zu hören! Auch wird es euch, glaube ich, heilsam sein, wenn ihr es hört. Denn ich bin im Begriff, euch noch manches andere zu sagen, worüber ihr vielleicht schreien möchtet; aber keineswegs tut das! Denn wißt nur: Wenn ihr mich tötet, einen solchen Mann, wie ich sage, so werdet ihr mir nicht größer Leid zufügen als euch selbst. Denn Leid zufügen wird mir weder Meletos noch Anytos im mindesten. Sie könnten es auch nicht: denn es ist, glaube ich, nicht in der Ordnung, daß dem besseren Manne von dem schlechteren Leides geschehe. Töten freilich kann mich einer, oder vertreiben oder des Bürgerrechtes berauben. Allein dies hält dieser vielleicht und sonst mancher für große Übel, ich aber gar nicht; sondern weit mehr, dergleichen tun, wie dieser jetzt tut: einen andern widerrechtlich suchen hinzurichten. Daher bin ich auch jetzt, ihr Athener, weit entfernt, um meiner selbst willen mich zu verteidigen, wie einer wohl denken könnte, sondern um euretwillen, damit ihr nicht gegen des Gottes Gabe an euch etwas sündiget durch meine Verurteilung. Denn wenn ihr mich hinrichtet, werdet ihr nicht leicht einen andern solchen finden, der ordentlich, sollte es auch lächerlich gesagt scheinen, von dem Gotte der Stadt beigegeben ist, wie einem großen und edlen Rosse, das aber eben seiner Größe wegen sich zur Trägheit neigt und der Anreizung durch den Sporn bedarf, wie mich der Gott dem Staate als einen solchen zugelegt zu haben scheint, der ich auch euch einzeln anzuregen, zu überreden und zu verweisen den ganzen Tag nicht aufhöre, überall euch anliegend. Ein anderer solcher nun wird euch nicht leicht wieder werden, ihr Männer. Wenn ihr also mir folgen wollt, werdet ihr meiner schonen. Ihr aber werdet vielleicht verdrießlich, wie die Schlummernden, wenn man sie aufweckt, um euch stoßen und mich, dem Anytos folgend, leichtsinnig hinrichten, dann aber das übrige Leben weiter fort schlafen, wenn euch nicht der Gott wieder einen andern zuschickt aus Erbarmen. Daß ich aber ein solcher bin, der wohl von dem Gotte der Stadt mag geschenkt sein, das könnt ihr hieraus abnehmen: Denn nicht wie etwas Menschliches sieht es aus, daß ich das Meinige samt und sonders versäumt habe und so viele Jahre schon ertrage, daß meine Angelegenheiten zurückstehen, daß ich aber immer die eurigen betreibe, an jeden einzeln mich wendend und wie ein Vater oder älterer Bruder ihm zuredend, sich doch die Tugend angelegen sein zu lassen. Und wenn ich hiervon noch einen Genuß hätte und um Lohn andere so ermahnte, so hätte ich noch einen Grund. Nun aber seht ihr ja selbst, daß meine Ankläger, so schamlos sie mich auch alles andern beschuldigen, dieses doch nicht erreichen konnten mit ihrer Schamlosigkeit, einen Zeugen aufzustellen, daß ich jemals einen Lohn mir ausgemacht oder gefordert hätte. Ich aber stelle, meine ich, einen hinreichenden Zeugen für die Wahrheit meiner Aussage: meine Armut.

10. Warum sich Sokrates von den Staatsgeschäften zurückhält. Das Daimonion.

Vielleicht könnte auch dies jemanden ungereimt dünken, daß ich, um Einzelnen zu raten, um-hergehe und mir viel zu schaffen mache, öffentlich aber mich nicht erdreiste, in eurer Versamm-lung auftretend dem Staate zu raten. Hiervon ist nun die Ursache, was ihr mich oft und vielfältig sagen gehört habt, daß mir etwas Göttliches und Daimonisches widerfährt, was auch Meletos in seiner Anklage auf Spott gezogen hat. Mir aber ist dieses von meiner Kindheit an geschehen: eine Stimme nämlich, welche jedesmal, wenn sie sich hören läßt, mir von etwas abredet, was ich tun will, – zugeredet aber hat sie mir nie. Das ist es, was sich mir widersetzt, daß ich nicht soll Staatsgeschäfte betreiben. Und sehr mit Recht scheint es mir sich dem zu widersetzen: Denn wißt nur, ihr Athener, wenn ich schon vor langer Zeit unternommen hätte. Staatsgeschäfte zu betreiben, so wäre ich auch schon längst umgekommen und hätte weder euch etwas genutzt noch auch mir selbst. Werdet mir nur nicht böse, wenn ich die Wahrheit rede! Denn kein Mensch kann sich erhalten, der sich – sei es nun euch oder einer andern Volksmenge – tapfer widersetzt und viel Ungerechtes und Gesetzwidriges im Staate zu verhindern sucht: sondern notwendig muß, wer in der Tat für die Gerechtigkeit streiten will, auch wenn er sich nur kurze Zeit erhalten soll, ein zurückgezogenes Leben führen, nicht ein öffentliches.

11. Bewährung der Haltung des Sokrates im Staat

Tüchtige Beweise will ich euch hiervon anführen, nicht in Worten, sondern was ihr höher achtet, Tatsachen. Hört also von mir, was mir selbst begegnet ist, damit ihr seht, daß ich auch nicht einem nachgeben würde gegen das Recht aus Todesfurcht, und zugleich daß, wenn ich das nicht täte, ich umkommen müßte. Ich werde euch freilich unangenehme und langweilige Geschichten erzählen, aber doch wahre. Ich nämlich, ihr Athener, habe niemals irgend ein anderes Amt im Staate bekleidet, als nur im Rate bin ich gesessen. Und eben hatte unser Stamm, der Antiochische, den Vorsitz, als ihr den Anschlag faßtet, die zehn Heerführer, welche die in der Seeschlacht Gebliebenen nicht begraben hatten, sämtlich zu verurteilen, ganz gesetzwidrig, wie es späterhin euch allen dünkte. Da war ich unter allen Prytanen der einzige, der sich euch widersetzte, damit ihr nichts gegen die Gesetze tun möchtet, und euch entgegenstimmte. Und obgleich die Redner bereit waren, mich anzugeben und gefangen zu setzen, und ihr es fordertet und schrieet, so glaubte ich doch, ich müßte lieber mit dem Recht und dem Gesetz die Gefahr bestehen, als mich zu euch gesellen in einem so ungerechten Vorhaben aus Furcht des Gefängnisses oder des Todes. Und dies geschah, als im Staat noch das Volk herrschte. Nachdem aber die Regierung an einige wenige gekommen, so ließen einst die Dreißig mich mit noch vier anderen auf die Tholos holen, und trugen uns auf, den Salaminier Leon aus Salamis herzubringen, um ihn hinzurichten, wie sie denn dergleichen vieles vielen andern auch auftrugen, um so viele als irgend möglich in Verschuldungen zu verstricken. Auch da nun zeigte ich wiederum nicht durch Worte, sondern durch die Tat, daß der Tod, wenn euch das nicht zu bäurisch klingt, mich auch nicht das mindeste kümmerte, nichts Ruchloses aber und nichts Ungerechtes zu begehen mich mehr als alles kümmert. Denn mich konnte jene Regierung, so gewaltig sie auch war, nicht so einschrecken, daß ich etwas Unrechtes getan hätte. Sondern als wir von der Tholos herunterkamen, gingen die viere nach Salamis und brachten den Leon; ich aber ging meines Weges nach Hause. Und vielleicht hätte ich deshalb sterben gemußt, wenn nicht jene Regierung kurz darauf wäre aufgelöst worden. Dies werden euch sehr viele bezeugen können.

12. Sokrates ohne Lehre und ohne Schüler

Glaubt ihr nun wohl, daß ich so viele Jahre würde durchgekommen sein, wenn ich die öffentlichen Angelegenheiten verwaltet und, als ein redlicher Mann sie verwaltend, überall dem Recht geholfen und dies, wie es sich gebührt, über alles gesetzt hätte? Weit gefehlt, ihr Athener; und ebensowenig irgend ein anderer Mensch. Ich also werde mein ganzes Leben hindurch öffentlich, wo ich etwas verrichtet, und ebenso auch für mich, als ein solcher erscheinen, daß ich nie einem jemals irgend etwas eingeräumt habe wider das Recht, weder sonst jemand noch auch von diesen einem, die meine Verleumder meine Schüler nennen. Eigentlich aber bin ich nie irgend jemandes Lehrer gewesen: wenn aber jemand, wie ich rede und mein Geschäft verrichte, Lust hat zu hören, jung oder alt, das habe ich nie jemandem mißgönnt. Auch nicht etwa nur, wenn ich Geld bekomme, unterrede ich mich, wenn aber keines, dann nicht; sondern auf gleiche Weise stehe ich dem Armen wie dem Reichen bereit zu fragen, und wer da will, kann antworten und hören, was ich sage. Und ob nun jemand von diesen besser wird oder nicht, davon bin ich nicht schuldig die Verantwortung zu tragen, da ich Unterweisung hierin weder jemals jemandem versprochen noch auch erteilt habe. Wenn aber einer behauptet, jemals von mir etwas gelernt oder gehört zu haben insbesondere, was nicht auch alle anderen gelernt oder gehört haben, so wißt, daß er nicht die Wahrheit redet.

13. Ergebenheit seiner Anhänger

Aber weshalb halten sich wohl einige so gern seit langer Zeit zu mir? Das habt ihr gehört, Athener, ich habe euch die ganze Wahrheit gesagt, daß sie nämlich diejenigen gern mögen ausforschen hören, welche sich dünken, weise zu sein, und es nicht sind. Denn es ist nicht unerfreulich. Mir aber ist dieses, wie ich behaupte, von dem Gotte auferlegt zu tun durch Orakel und Träume und auf jede Weise, wie nur je göttliche Schickung einem Menschen etwas auferlegt hat zu tun. Dies, ihr Athener, ist ebenso wahr als leicht zu erweisen. Denn wenn ich von unsern Jünglingen einige verderbe, andere verderbt habe, so würden doch, wenn einige unter ihnen bei reiferem Alter eingesehen hätten, daß ich ihnen je in ihrer Jugend zum Bösen geraten, diese selbst jetzt aufstehen, um mich zu verklagen und zur Strafe zu ziehen; wollten sie aber selbst nicht, so würden irgend welche von ihren Verwandten, Eltern, Brüder oder andere Angehörige, wenn ich ihren Verwandten irgend Böses zugefügt, es mir jetzt gedenken. Auf jeden Fall sind ja viele von ihnen hier zugegen, die ich sehe, zuerst hier Kriton, mein Altersund Gemeindegenosse, der Vater dieses Kritobulos; dann Lysanias aus Sphettos, dieses Aischines Vater; auch Antiphon aus Kephisia, des Epigenes Vater. Und andere sind diese, deren Brüder meines Umganges gepflogen, Nikostiatos, des Theosdotides Sohn, der Bruder des Theodotos, und zwar ist Theodotos tot, der ihn also nicht kann beschwichtigt haben; und Paralos, des Demodokos Sohn, dessen Bruder Theages war: und Adeimantos, des Ariston Sohn, der Bruder dieses Platon: und Aiantodoros, dessen Bruder dieser Apolldoros ist. Und noch viele andere kann ich euch nennen, von denen doch vor allen Dingen Meletos in seiner Rede irgend einen zum Zeugen sollte aufgerufen haben. Hat er es aber damals vergessen, so rufe er noch einen auf – ich lasse ihm freie Bahn-, und er sage es, wenn er so etwas hat! Allein hiervon werdet ihr ganz das Gegenteil finden, ihr Männer, alle willig mir beizustehen, mir dem Verderber, dem Unheilstifter ihrer Verwandten, wie Meletos und Anytos sagen. Denn die Verführten selbst könnten vielleicht Grund haben, mir beizustehen; aber die unverderbten, schon reiferen Männer, die ihnen verwandt sind, welchen andern Grund hätten diese, mir beizustehen, als den gerechten und billigen, daß sie wissen, Meletos lügt, ich aber rede die Wahrheit?

V. Schluß

14. Rechtfertigung des ungewöhnlichen Verhaltens vor Gericht

Wohl, ihr Männer! Was ich zu meiner Verteidigung zu sagen wüßte, das ist etwa dieses, und vielleicht mehr dergleichen. Vielleicht aber wird mancher unter euch unwillig gegen mich, wenn er an sich selbst denkt, wenn er etwa bei Durchfechtung eines vielleicht weit leichteren Kampfes als dieser die Richter gebeten und gefleht hat unter vielen Tränen und seine Kinder mit sich herausgebracht, um nur möglichst viel Erbarmen zu erregen, und viele andere von seinen Verwandten und Freunden, ich aber von dem allen nichts tun will – und das, da ich, wie es scheinen kann, in der äußersten Gefahr schwebe. Vielleicht wird mancher, dies bedenkend, seine Eitelkeit von mir gekränkt fühlen und, eben hierüber erzürnt, im Zorn seine Stimme abgeben. Wenn jemand unter euch so gesinnt ist, ich glaube es zwar nicht, aber wenn doch, – so denke ich, meine Rede wird zu billigen sein, wenn ich ihm sage: Auch ich, o Bester, habe so einige Verwandte. Denn auch ich, wie Homeros sagt, nicht der Eiche entstamme ich oder dem Felsen, sondern Menschen. Daher ich denn Verwandte habe, und auch Söhne, ihr Athener: drei, einer schon herangewachsen, zwei noch Kinder. Dennoch aber werde ich keinen hierher bringen, um euch zu erbitten, daß ihr günstig abstimmen möget. Warum doch werde ich nichts dergleichen tun? Nicht aus Eigendünkel, ihr Athener, noch daß ich euch geringschätzte; sondern: Ob ich etwa besonders furchtlos bin gegen den Tod oder nicht, das ist eine andere Sache; aber in Beziehung auf das, was rühmlich ist für mich und euch und für die ganze Stadt, dünkt es mich anständig, daß ich nichts dergleichen tue, zumal in solchem Alter und im Besitz dieses Rufes, sei er nun gegründet oder nicht, angenommen ist doch einmal, daß Sokrates sich in etwas auszeichnet vor andern Menschen. Wenn nun, die unter euch dafür gelten, sich auszuzeichnen durch Weisheit oder Tapferkeit oder welche andere Tugend es sei, sich so betragen wollten, das wäre schändlich, wie ich doch öfters gesehen habe, daß manche, die sich etwas dünken, doch, wenn sie vor Gericht standen, ganz wunderliche Dinge anstellten, meinend, was ihnen Arges begegnete, wenn sie etwa sterben müßten, gleich als würden sie unsterblich sein, wenn ihr sie nur nicht hinrichtetet. Solche, dünkt mich, machen der Stadt Schande; so daß wohl mancher Fremde denken mag, diese ausgezeichneten Männer unter den Athenern, denen sie selbst unter sich bei der Wahl der Obrigkeiten und allem, was sonst ehrenvoll ist, den Vorzug einräumen, betragen sich ja nichts besser als die Weiber. Dergleichen also, ihr Athener, dürfen weder wir tun, die wir dafür gelten, auch nur irgend etwas zu sein, noch auch, wenn wir es täten, dürft ihr es dulden: sondern eben dies müßt ihr zeigen, daß ihr weit eher den verurteilt, der euch solche Trauerspiele vorführt und die Stadt lächerlich macht, als den, der sich ruhig verhält.

15. Pflicht der Richter

Abgesehen aber von dem Rühmlichen dünkt es mich auch nicht einmal recht, den Richter zu bitten und sich durch Bitten loszuhelfen: sondern belehren muß man ihn und überzeugen. Denn nicht dazu ist der Richter gesetzt, das Recht zu verschenken, sondern es zu beurteilen; und er hat geschworen, nicht sich gefällig zu erweisen gegen wen es ihm beliebt, sondern Recht zu sprechen nach den Gesetzen. Also dürfen weder wir euch gewöhnen an den Meineid, noch ihr euch gewöhnen lassen, sonst würden wir von keiner Seite fromm handeln. Mutet mir also nicht zu, ihr Athener, dergleichen etwas gegen euch zu tun, was ich weder für anständig halte noch für recht, noch für fromm, zumal ich ja, beim Zeus, eben auch der Gottlosigkeit angeklagt bin von diesem Meletos! Denn offenbar, wenn ich euch durch Bitten zu etwas überredete oder nötigte gegen euren Schwur, dann lehrte ich euch, nicht zu glauben, daß es Götter gebe, und recht durch die Verteidigung klagte ich mich selbst an, daß ich keine Götter glaubte. Aber weit gefehlt, daß es so wäre! Wohl glaube ich an sie, ihr Athener, wie keiner von meinen Anklägern, und ich überlasse euch und dem Gotte, über mich zu entscheiden, wie es für mich das Beste sein wird und für euch.

16. Sokrates und das Urteil

Daß ich nicht unwillig bin, ihr Athener, über dieses Ereignis, daß ihr mich verurteilt habt, dazu trägt noch sonst vieles bei; aber auch nicht unverhofft ist mir das Geschehene geschehen; sondern vielmehr wundere ich mich über die sich ergebende Zahl der beiderseitigen Stimmen. Denn ich glaubte nicht, daß es nur auf so weniges ankommen würde, sondern auf sehr viel. Nun aber, wie man sieht, wenn nur drei Stimmen anders gefallen wären, so wäre ich entkommen. Dem Meletos zwar bin ich auch jetzt entkommen, wie mich dünkt; und nicht nur entkommen, sondern es liegt auch jedem vor Augen, daß, wenn nicht Anytos und Lykon aufgetreten wären, mich anzuklagen, er tausend Drachmen erlegen müßte, weil er den fünften Teil der Stimmen nicht erlangt hätte.

17. Gegenschätzung des Sokrates

Zuerkennen also will mir der Mann den Tod. Wohl! Was soll ich mir nun dagegen zuerkennen, ihr Athener? Doch gewiß, was ich verdiene! Wie also? Was verdiene ich zu erleiden oder zu erlegen dafür, daß ich in meinem Leben nie Ruhe gehalten, sondern unbekümmert um das, was den meisten wichtig ist, um das Reichwerden und den Hausstand, um Kriegswesen und Volksrednerei und sonst um Ämter, um Verschwörungen und Parteien, die sich in der Stadt hervorgetan, weil ich mich in der Tat für zu gut hielt, um mich durch Teilnahme an solchen Dingen zu erhalten, – daß ich mich also mit nichts eingelassen, wo ich weder euch noch mir etwas nutz gewesen wäre; vielmehr nur darauf bedacht war, wie ich jedem einzeln die meines Dafürhaltens größte Wohltat erweisen könnte, und mich dessen allein, wie ich behaupte, befleißigte und mich bemühte, jeden von euch zu bewegen, daß er weder für irgend etwas von dem Seinigen eher sorge, bis er für sich selbst gesorgt habe, wie er immer besser und vernünftiger womöglich werden könnte, noch auch für die Angelegenheiten des Staates eher als für den Staat selbst, und nach derselben Weise auch nur für alles andere sorgen möchte? Was also verdiene ich dafür zu leiden, daß ich ein solcher bin? Etwas Gutes, ihr Athener, wenn ich der Wahrheit gemäß nach Verdienst mir etwas zuerkennen soll, und zwar etwas Gutes von der Art, wie es mir angemessen ist. Was ist also einem unvermögenden Wohltäter angemessen, welcher der freien Muße bedarf, um euch zu ermahnen? Es gibt nichts, was so angemessen ist, ihr Athener, als daß ein solcher Mann im Prytaneion gespeist werde, weit mehr, als wenn einer von euch mit dem Rosse oder dem Zwiegespann oder dem Viergespann in den Olympischen Spielen gesiegt hat. Denn ein solcher bewirkt nur, daß ihr glückselig scheint, ich aber, daß ihr es seid; und jener bedarf der Speisung nicht, ich aber bedarf ihrer. Soll ich mir also, was ich mit Recht verdiene, zuerkennen, so erkenne ich mir dieses zu: Speisung im Prytaneion.

18. Begründung der Schätzung

Vielleicht wird euch nun, daß ich dieses sage, ebenso bedünken, als was ich von dem Flehen und der Mitleidserregung sagte: als hartnäckiger Eigendünkel. Das ist aber nicht so, ihr Athener, sondern so vielmehr: Ich bin überzeugt, daß ich nie jemanden vorsätzlich beleidige. Euch freilich überzeuge ich davon nicht, weil wir gar zu kurze Zeit miteinander geredet haben. Denn ich glaube wohl, wenn ihr ein Gesetz hättet, wie man es anderwärts hat, über Leben und Tod nicht an einem Tage zu entscheiden, sondern nach mehreren, so wäret ihr wohl überzeugt worden; nun aber ist es nicht leicht, in kurzer Zeit sich von so schweren Verleumdungen zu reinigen. Überzeugt also wie ich bin, daß ich niemand Unrecht zufüge, werde ich doch wahrlich nicht mir selbst Unrecht tun und selbst gegen mich reden, als ob ich etwas Übles verdiente, und mir dergleichen etwas zuerkennen. Was sollte ich befürchten? Doch daß ich das erleiden müßte, was Meletos mir zuerkennt, und wovon ich nicht zu wissen gestehe, ob es ein Gut oder ein Übel ist? Anstatt dessen also sollte ich von denjenigen Dingen eines wählen und mir zuerkennen, von welchen ich gar wohl weiß, daß sie Übel sind? Etwa Gefängnisstrafe? Und wozu sollte ich doch leben im Kerker, unter dem Befehl der jedesmaligen Obrigkeit? Oder Geldstrafe? Und gefangen zu sein, bis ich sie entrichtet habe? Das wäre aber für mich ganz dasselbe wie das vorige. Denn ich habe kein Geld, wovon ich sie entrichten könnte. Aber die Verweisung soll ich mir wohl zuerkennen? Die möchtet ihr mir vielleicht wohl zugestehen. Aber von großer Lebenslust müßte ich wohl besessen sein, ihr Athener, wenn ich so unvernünftig wäre, daß ich nicht berechnen könnte, da ihr, meine Mitbürger, nicht imstande gewesen seid, meine Lebensweise und meine Reden zu ertragen, sondern sie euch zu beschwerlich und verhaßt geworden sind, so daß ihr euch nun davon loszumachen sucht, ob also wohl andere sie leichter ertragen werden? Weit gefehlt, ihr Athener! Ein schönes Leben wäre mir das also, in solchem Alter auszuwandern und immer umhergetrieben eine Stadt mit der andern zu vertauschen! Denn das weiß ich wohl: wohin ich auch komme, werden die Jünglinge meinen Reden zuhören, eben wie hier. Und wenn ich diese von mir weise, so werden sie selbst bei den Alten meine Verweisung bewirken; weise ich sie nicht von mir, so werden dasselbe doch ihre Väter und Verwandten um jener willen tun.

19. Unmöglichkeit für Sokrates, seine Lebensform aufzugeben

Vielleicht aber wird einer sagen: »Also still und ruhig, Sokrates, wirst du nicht imstande sein, nach deiner Verweisung zu leben?« Das ist nun wohl am allerschwersten manchem von euch begreiflich zu machen. Denn wenn ich sage, das hieße, dem Gotte ungehorsam sein, und deshalb wäre es mir unmöglich, mich ruhig zu verhalten, so werdet ihr mir nicht glauben, als meinte ich etwas anderes, als ich sage. Und wenn ich wiederum sage, daß ja eben dies das größte Gut für den Menschen ist, täglich über die Tugend sich zu unterhalten und über die andern Gegenstände, über welche ihr mich reden und mich selbst und andere prüfen hört, ein Leben ohne Selbsterforschung aber gar nicht verdient, gelebt zu werden, das werdet ihr mir noch weniger glauben, wenn ich es sage. Aber gewiß verhält sich dies so, wie ich es vortrage, ihr Männer; nur euch davon zu überzeugen ist nicht leicht.

20. Erneute Schätzung

Auch bin ich nicht gewohnt, mich selbst etwas Übles wert zu achten. Hätte ich nun Geld, so würde ich mir so viel Geldstrafe zuerkennen, als ich entrichten könnte: denn davon hätte ich weiter keinen Schaden. Nun aber, ich habe eben keins; wenn ihr nicht etwa so viel, als ich zu entrichten vermag, mir zuerkennen wollt. Ich vermöchte euch aber vielleicht etwa eine Mine zu entrichten. Die will ich mir also zuerkennen. Platon aber hier und Kriton und Kritobulos und Apollodoros reden mir zu, mir dreißig Minen zuzuerkennen, und sie wollten Bürgschaft leisten. So viel also erkenne ich mir zu, und diese werden euch für dies Geld zuverlässige Bürgen sein.

C. Die Rede nach der Verurteilung

21. Urteil des Sokrates über den Prozeß

Nur um einer gar kurzen Zeit willen, ihr Athener, werdet ihr nun den Namen behalten und den Vorwurf von denen, welche die Stadt gern lästern mögen, daß ihr den Sokrates hingerichtet habt, diesen weisen Mann. Denn behaupten werden die nun freilich, daß ich weise bin, wenn ich es auch nicht bin, die euch lästern wollen. Hättet ihr nun eine kleine Weile gewartet, so wäre euch ja dies von selbst erfolgt. Denn ihr seht ja mein Alter, daß es schon weit fortgerückt ist im Leben und nahe am Tode. Ich sage dies aber nicht zu euch allen, sondern nur zu denen, die für meinen Tod gestimmt haben. Und zu eben diesen sage ich auch noch dies: Vielleicht glaubt ihr Athener, ich unterläge jetzt aus Unvermögen in solchen Reden, durch welche ich euch wohl möchte überredet haben, wenn ich geglaubt hätte, alles reden und tun zu dürfen, um nur dieser Klage zu entkommen. Weit gefehlt! Sondern aus Unvermögen unterliege ich freilich, aber nicht an Worten; sondern an Frechheit und Schamlosigkeit und an dem Willen, dergleichen zu euch zu reden, als ihr freilich am liebsten gehört hättet, wenn ich gejammert hätte und gewehklagt, und viel anderes getan und geredet meiner Unwürdiges, wie ich behaupte, dergleichen ihr freilich gewohnt seid, von den andern zu hören. Allein weder vorher glaubte ich der Gefahr wegen etwas Unedles tun zu dürfen, noch auch gereuet es mich jetzt, mich so verteidigt zu haben; sondern weit lieber will ich auf diese Art mich verteidigt haben und sterben, als auf jene und leben. Denn weder vor Gericht noch im Kriege ziemt es weder mir noch irgend jemandem, darauf zu sinnen, wie man nur auf jede Art dem Tode entgehen möge. Auch ist ja das bei Gefechten oft sehr offenbar, daß dem Tode einer wohl entfliehen könnte, würfe er nur die Waffen weg und wendete sich flehend an die Verfolgenden: und viele andere Rettungsmittel gibt es in jeglicher Gefahr, um dem Tode zu entgehen, wenn einer nicht scheut, alles zu tun und zu reden. Allein, nicht dies möchte schwer sein, ihr Athener, dem Tode zu entgehen, aber weit schwerer, der Schlechtigkeit: denn sie läuft schneller als der Tod. Auch jetzt daher bin ich als ein langsamer Greis von dem Langsameren gefangen worden; meine Ankläger aber, gewaltig und heftig wie sie sind, von dem Schnelleren der Bosheit. Jetzt also gehe ich hin und bin von euch der Strafe des Todes schuldig erklärt: diese aber sind von der Wahrheit schuldig erklärt der Unwürdigkeit und Ungerechtigkeit. Und sowohl ich beruhige mich bei dem Erkenntnis, als auch diese. Dieses nun mußte vielleicht so kommen, und ich glaube, daß es ganz gut so ist.

22. Weissagung an die Verurteilenden

Was aber nun hierauf folgen wird, gelüstet mich euch zu weissagen, ihr meine Verurteiler! Denn ich stehe ja auch schon da, wo vorzüglich die Menschen weissagen, wenn sie nämlich im Begriff sind zu sterben. Ich behaupte also, ihr Männer, die ihr mich hinrichtet, es wird sogleich nach meinem Tode eine weit schwerere Strafe über euch kommen als die, mit welcher ihr mich getötet habt. Denn jetzt habt ihr dies getan in der Meinung, nun entledigt zu sein von der Rechenschaft über euer Leben. Es wird aber ganz entgegengesetzt für euch ablaufen, wie ich behaupte. Mehrere werden sein, die euch zur Untersuchung ziehen, welche ich nur bisher zurückgehalten, ihr aber gar nicht bemerkt habt. Und um desto beschwerlicher werden sie euch werden, je jünger sie sind, und ihr um desto unwilliger. Denn wenn ihr meint, durch Hinrichtungen dem Einhalt zu tun, daß euch niemand schelten soll, wenn ihr nicht recht lebt, so bedenkt ihr das sehr schlecht. Denn diese Entledigung ist weder recht ausführbar, noch ist sie edel. Sondern jene ist die edelste und leichteste: nicht anderen wehren, sondern sich selbst so einrichten, daß man möglichst gut sei. Dieses will ich euch, die ihr gegen mich gestimmt habt, geweissagt haben und nun von euch scheiden.

23.a. Das Ausbleiben des Daimonion und seine Bedeutung

Mit denen aber, welche für mich gestimmt, möchte ich gern noch reden über dies Ereignis, welches sich zugetragen, solange die Gewalthaber Roch Abhaltung haben und ich noch nicht dahin gehen muß, wo ich sterben soll. Also, ihr Männer, so lange haltet mir noch aus! Nichts hindert ja, uns vertraulich zu unterhalten miteinander, solange es noch vergönnt ist. Denn euch als meinen Freunden will ich gern das erklären, was mir soeben begegnet ist, was es eigentlich bedeutet. Mir ist nämlich, ihr Richter – denn euch benenne ich recht, wenn ich euch Richter nenne –, etwas Wunderbares vorgekommen: Meine gewohnte Vorbedeutung nämlich war in der vorigen Zeit wohl gar sehr häufig, und oft in großen Kleinigkeiten widerstand sie mir, wenn ich im Begriff war, etwas nicht auf die rechte Art zu tun. Jetzt aber ist mir doch, wie ihr ja selbst seht, dieses begegnet, was wohl mancher für das größte Übel halten könnte, und was auch dafür angesehen wird; dennoch aber hat mir weder, als ich des Morgens von Hause ging, das Zeichen des Gottes widerstanden, noch auch als ich hier die Gerichtsstätte betrat, noch auch irgendwo in der Rede, wenn ich etwas sagen wollte, – wiewohl bei andern Reden es mich oft mitten im Reden aufhielt. Jetzt aber hat es mir nirgends bei dieser Verhandlung, wenn ich etwas tat oder sprach, im mindesten widerstanden. Was für eine Ursache nun soll ich mir hiervon denken? Das will ich euch sagen: Es mag wohl, was mir begegnet ist, etwas Gutes sein, und unmöglich können wir Recht haben, die wir annehmen, der Tod sei ein Übel. Davon ist mir dies ein großer Beweis. Denn unmöglich würde mir das gewohnte Zeichen nicht widerstanden haben, wenn ich nicht im Begriff gewesen wäre, etwas Gutes auszurichten.

23.b. Hoffnungen für den Tod

Laßt uns aber auch so erwägen, wieviel Ursache wir haben zu hoffen, es sei etwas Gutes. Denn eins von beiden ist das Totsein: entweder so viel als nichts sein noch irgend eine Empfindung von irgend etwas haben, wenn man tot ist; oder, wie auch gesagt wird, es ist eine Versetzung und Umzug der Seele von hinnen an einen andern Ort. Und es ist nun gar keine Empfindung, sondern wie ein Schlaf, in welchem der Schlafende auch nicht einmal einen Traum hat, so wäre der Tod ein wunderbarer Gewinn. Denn ich glaube, wenn jemand einer solchen Nacht, in welcher er so fest geschlafen, daß er nicht einmal einen Traum gehabt, alle übrigen Tage und Nächte seines Lebens gegenüberstellen und nach reiflicher Überlegung sagen sollte, wieviel er wohl angenehmere und bessere Tage und Nächte als jene Nacht in seinem Leben gelebt hat, so glaube ich, würde nicht nur ein gewöhnlicher Mensch, sondern der Großkönig selbst finden, daß diese sehr leicht zu zählen sind gegen die übrigen Tage und Nächte. Wenn also der Tod etwas solches ist, so nenne ich ihn einen Gewinn, denn die ganze Zeit scheint ja auch nicht länger auf diese Art als eine Nacht. Ist aber der Tod wiederum wie eine Auswanderung von hinnen an einen andern Ort, und ist das wahr, was gesagt wird, daß dort alle Verstorbenen sind, – was für ein größeres Gut könnte es wohl geben als dieses, ihr Richter? Denn wenn einer, in der Unterwelt angelangt, nun dieser sich so nennenden Richter entledigt dort die wahren Richter antrifft, von denen auch gesagt wird, daß sie dort Recht sprechen, den Minos und Rhadamanthys und Aiakos und Triptolemos, und welche Halbgötter sonst gerecht gewesen sind in ihrem Leben, – wäre das wohl eine schlechte Umwanderung? Oder auch mit dem Orpheus umzugehen und mit Musaios und Hesiodos und Homeros, – wie teuer möchtet ihr das wohl erkaufen? Ich wenigstens will gern oftmals sterben, wenn dies wahr ist. Ja, mir zumal wäre es ein herrliches Leben, wenn ich dort den Palamedes und Aias, des Telamon Sohn, anträfe, und wer sonst noch unter den Alten eines ungerechten Gerichtes wegen gestorben ist: mit dessen Geschick das meinige zu vergleichen, das müßte, glaube ich, gar nicht unerfreulich sein. Ja, was das Größte ist, die dort eben so ausfragend und ausforschend zu leben, wer unter ihnen weise ist, und wer es zwar glaubt, es aber nicht ist. Für wieviel, ihr Richter, möchte das einer wohl annehmen, den, welcher das große Heer nach Troia führte, auszufragen, oder den Odysseus oder Sisyphos, und viele andere könnte einer nennen, Männer und Frauen, mit welchen dort zu sprechen und umzugehen und sie auszuforschen auf alle Weise eine unbeschreibliche Glückseligkeit wäre! Gewiß werden sie einen dort um deswillen doch wohl nicht hinrichten: Denn nicht nur sonst ist man dort glückseliger als hier, sondern auch die übrige Zeit unsterblich, wenn das wahr ist, was gesagt wird.

23.c. Schlußworte an die Richter

Also müßt auch ihr, Richter, gute Hoffnung haben in Absicht des Todes und dies eine Richtige im Gemüt halten, daß es für den guten Mann kein Übel gibt weder im Leben noch im Tode, noch daß je von den Göttern seine Angelegenheiten vernachlässigt werden. Auch die meinigen haben jetzt nicht von ohngefähr diesen Ausgang genommen: sondern mir ist deutlich – daß sterben und aller Mühen entledigt werden schon das Beste für mich war. Daher auch hat weder mich irgendwo das Zeichen gewarnt, noch auch bin ich gegen meine Verurteiler und gegen meine Ankläger irgend aufgebracht, – obgleich nicht in dieser Absicht sie mich verurteilt und angeklagt haben, sondern in der Meinung, mir Übles zuzufügen. Das verdient an ihnen getadelt zu werden. So viel jedoch bitte ich von ihnen: An meinen Söhnen, wenn sie erwachsen sind, nehmt eure Rache, ihr Männer, und quält sie ebenso, wie ich euch gequält habe, wenn euch dünkt, daß sie sich um Reichtum oder um sonst irgend etwas eher bemühen als um die Tugend: und wenn sie sich dünken, etwas zu sein, aber nichts sind, so verweiset es ihnen wie ich euch, daß sie nicht sorgen, wofür sie sollten, und sich einbilden, etwas zu sein, da sie doch nichts wert sind. Und wenn ihr das tut, werde ich Gerechtes von euch erfahren haben, ich selbst und meine Söhne. Jedoch – es ist Zeit, daß wir gehen: ich, um zu sterben, und ihr, um zu leben. Wer aber von uns beiden zu dem besseren Geschäft hingehe, das ist allen verborgen außer nur Gott.